세상에서 가장 쉬운
통계학입문

KANZEN DOKUSHUU TOUKEIGAKU NYUUMON
by Hiroyuki Kojima
Copyright ⓒ 2006 by Hiroyuki Kojima
All rights reserved.
Original Japanese edition published by Diamond, Inc.
Korean translation rights ⓒ 2009 by Jisang Publishing Co.
Korean translation rights arranged with Diamond, Inc., Tokyo
through EntersKorea Co., Ltd. Seoul, Korea

이 책의 한국어판 저작권은 (주)엔터스코리아를 통해 저작권자와 독점 계약한 도서출판 지상사에 있습
니다. 신 저작권법에 의해 한국 내에서 보호를 받는 저작물이므로 무단전재와 무단복제를 금합니다.

세상에서 가장 쉬운
통계학입문

고지마 히로유키 지음
박주영 옮김

시작하면서

이 책은,
- 통계학을 처음 배우는 사람
- 통계학을 다시 공부하고 싶은 사람
- 벌써 몇 번이나 통계학을 공부하다 포기해서 아직도 통계를 모르겠다는 사람
- 지금 정말 남보다 뒤쳐져 있는 사람

들을 위한 아주 쉬운 통계학 입문서다. 그래서 다른 통계학 책에서는 찾아볼 수 없는 몇 가지 특징이 있다. 이 특징들을 간단하게 7가지로 열거해 보면,

① 어느 한 부분이라도 내용을 뺀다면 더 이상 통계학이 아니라고 할 정도로 **최소한의 필수적인 부분만을 다루어 쉽게 읽을 수 있는 '아주 쉬운 입문서'**다.
② 확률 지식은 대부분 사용하지 않았다. 미분적분이나 시그마도 전혀 사용하지 않았다. 이 책에서는 **중학교 수준의 수학(루트와 1차 방정식)**만 사용했기 때문에 고등학교 수준의 수학을 몰라도 된다.
③ 각 강의의 마지막에는 **괄호를 채우는 간단한 연습문제가 있어서 혼자 공부하기에 안성맞춤**이다.

④ 제1부는 초보 중에서도 초보가 공부를 시작할 수 있는 수준이지만, 이 책의 **최종 목표**는 '**검정**'이나 '**구간추정**'이라는 통계학의 가장 중요한 목표 지점에 가장 짧은 시간에 도달하는 것이다.

⑤ 제2부에서는 제1부의 내용에서 더 깊이 들어가 통계학의 중요한 부분이라고 말할 수 있는 **t분포를 사용한 소표본의 검정과 구간추정을 가장 효율적으로 공부**할 수 있다. 기본을 이해한다면 상당한 부분까지 이해할 수 있다.

⑥ 표준편차의 의미가 '**익숙해지도록**' 간단한 계산 문제와 구체적인 사례를 들어 **철저하게 설명**했다.

⑦ **주식이나 투자신탁 등의 투자리스크를 통계학으로 이해할 수 있어서 금융상품에도 강해지게** 된다.

그러면 이제 본격적으로 통계학 공부를 시작해보자!

목차

시작하면서 _ 5

[0강의] '통계학'을 효율적으로 한 단계씩 이해하는 것이 목적
    1. 이 책은 왜 2부로 구성되어 있는가? _ 13
    2. 통계학이란 무엇인가? 기술통계와 추리통계 _ 15
    3. 표준편차를 가장 중요하게 다룬다 _ 16
    4. '확률'은 거의 다루지 않는다 _ 17
    5. '95% 예언적중구간'으로 설명한다 _ 19
    6. 수학 기호나 공식은 거의 사용하지 않는다 _ 20
    7. 괄호를 채우는 간단한 연습문제로 독학이 가능하다 _ 21

제1부   표준편차부터 검정과 구간추정까지를 한번에

[1강의] 도수분포표와 히스토그램 : 데이터의 특징을 돋보이게 하는 도구
    1. 데이터 자체로는 아무것도 알 수 없기 때문에 통계를 사용 _ 24
    2. 히스토그램 만들기 _ 26
    [제1강의 정리]
    [연습문제]

[2강의] 평균값의 역할과 평균값을 이해하는 방법 : 평균값은 지렛대가 균형을 이루는 지점
    1. 통계량은 데이터를 요약한 수치 _ 35

2. 평균값이란? _ 36
3. 도수분포표에서의 평균값 _ 37
4. 히스토그램에서 평균값의 역할 _ 40
5. 평균값을 어떻게 이해해야 하는가? _ 41
[제2강의 정리]
[연습문제]
[Column] 평균을 구하는 방법은 여러 가지
[보충설명] 지렛대가 균형을 이루는 받침점이 '산술평균'이 되는 이유

[3강의] 분산과 표준편차 : 흩어져 있는 데이터 상태를 추정하는 통계량

1. 불규칙한 통계량을 아는 것이 중요 _ 47
2. 버스 도착시간으로 분산을 이해 _ 49
3. 표준편차의 의미 _ 52
4. 도수분포표로 표준편차를 구하는 방법 _ 54
[제3강의 정리]
[연습문제]
[보충설명] 편차의 평균이 반드시 0이 되는 것을 증명

[4강의] 표준편차① : 데이터의 특수성을 평가

1. 표준편차는 '파도의 거칠기' _ 59
2. 표준편차로 데이터의 '특수성'을 평가 _ 60
3. 여러 데이터 세트를 비교할 때의 표준편차 _ 63
4. 가공된 데이터의 평균값과 표준편차 _ 65
[제4강의 정리]
[연습문제]

[5강의] 표준편차② : 주식리스크의 지표(주가변동성)로 활용

1. 주식의 평균수익이란? _ 70
2. 평균수익률만으로는 우량기업인지 판단할 수 없다 _ 72
3. 주가변동성이 의미하는 것 _ 74
[제5강의 정리]

[연습문제]

[6강의] 표준편차③ : 하이 리스크와 하이 리턴, 샤프지수도 이해
1. 하이 리스크와 하이 리턴, 로우 리스크와 로우 리턴 _ 78
2. 금융상품의 우열을 가리는 방법 _ 80
3. 금융상품의 우열을 가리는 수치, 샤프지수 _ 81
[제6강의 정리]
[연습문제]

[7강의] 정규분포 : 키, 동전 던지기 등에서 흔히 볼 수 있는 분포
1. 가장 많이 발견할 수 있는 데이터 분포 _ 86
2. 일반정규분포를 보는 방법 _ 91
3. 키 데이터는 정규분포를 따른다 _ 94
[제7강의 정리]
[연습문제]
[보충설명] 세상에 정규분포가 가득한 이유

[8강의] 통계적 추정의 출발점 : 정규분포를 이용해서 '예언'
1. 정규분포의 성질을 이용해 '예언'을 할 수 있다 _ 100
2. 표준정규분포의 95% 예언적중구간 _ 102
3. 일반정규분포의 95% 예언적중구간 _ 105
[제8강의 정리]
[연습문제]
[Column] 예언을 정확히 맞추는 점쟁이의 기술

[9강의] 가설검정 : 하나의 데이터로 모집단을 추리
1. 통계적 추정이란 부분으로 전체를 추리하는 것 _ 111
2. 더욱 정확한 모집단을 추정 _ 113
3. 95% 예언적중구간으로 가설의 타당성 판단 _ 116
[제9강의 정리]

[연습문제]
[Column] 통계적 검정의 획기적인 점과 한계

[10강의] 구간추정 : 95% 적중하는 신뢰구간 찾기
  1. 예언적중구간을 추정에 역이용 _ 123
  2. 신뢰구간 '95%'가 의미하는 것 _ 126
  3. 표준편차를 아는 정규모집단의 평균값에 대한 구간추정 _ 127
  [제10강의 정리]
  [연습문제]

제2부   관측 데이터 뒷면에 펼쳐져 있는 거대한 세계를 추측한다

[11강의] 모집단과 통계적 추정 : '부분'으로 '전체'를 추론
  1. 모집단은 가상의 항아리 _ 134
  2. 랜덤 샘플링과 모평균 _ 137
  [제11강의 정리]
  [연습문제]

[12강의] 모분산과 모표준편차 : 모집단 데이터의 분포 상태를 나타내는 통계량
  1. 데이터의 분포 상태를 파악 _ 143
  2. 모분산과 모표준편차의 계산 _ 145
  [제12강의 정리]
  [연습문제]

[13강의] 표본평균① : 여러 데이터의 평균값은 한 데이터의 평균값보다 모평균에 가깝다
  1. 관측된 하나의 데이터로 무엇을 말할 수 있는가? _ 149
  2. 표본평균을 구하는 이유 _ 151

[제13강의 정리]
[연습문제]

[14강의] 표본평균② : 관측 데이터가 늘어날수록 예언 구간은 좁아진다
    1. 정규분포에서 보이는 표본평균의 성질 _ 158
    2. 정규모집단에서의 표본평균에 대한 95% 예언적중구간 _ 161
[제14강의 정리]
[연습문제]

[15강의] 표본평균을 이용한 모평균의 구간추정 : 모분산을 알고 있는 정규모집단의 모평균은?
    1. 모평균이나 모분산을 추정하기 위한 방법 _ 167
    2. 표본평균을 이용한 모평균의 구간추정 _ 170
[제15강의 정리]
[연습문제]

[16강의] 카이제곱분포 : 표본분산을 구하는 방법과 카이제곱분포
    1. 표본분산을 구하는 방법 _ 177
    2. 카이제곱분포란? _ 180
[제16강의 정리]
[연습문제]

[17강의] 정규모집단의 모분산을 추정 : 모분산을 카이제곱분포로 추정
    1. 카이제곱분포의 95% 예언적중구간 _ 187
    2. 정규모집단의 모분산을 추정 _ 189
[제17강의 정리]
[연습문제]

[18강의] 표본분산의 분포는 카이제곱분포 : 표본분산과 비례하는 통계량 W
    1. 표본분산과 비례하는 통계량 W를 만드는 방법 _ 194

2. 표본분산의 카이제곱분포는 자유도가 하나 낮은 수가 된다 _ 196
　　[제18강의 정리]
　　[연습문제]
　　[보충설명] W 자유도가 V 자유도보다 1만큼 작은 이유

[19강의] 모평균이 미지인 정규모집단을 구간추정 : 모분산은 모평균을 몰라도 추정 가능
　　1. 모평균을 몰라도 모분산을 추정 _ 203
　　2. 모분산 추정의 구체적인 예 _ 205
　　[제19강의 정리]
　　[연습문제]

[20강의] t분포 : 모평균 이외의 것은 '현실에서 관측된 표본'으로 계산할 수 있는 통계량
　　1. t분포 _ 210
　　2. t분포의 히스토그램 _ 213
　　3. 통계량 T의 계산 _ 215
　　4. t분포의 정식적인 정의 _ 216
　　[제20강의 정리]
　　[연습문제]
　　[Column] t분포의 발견은 기네스 맥주 덕분

[21강의] t분포로 구간추정 : 정규모집단에서 모분산을 모를 때의 모평균 추정
　　1. 가장 자연스러운 구간추정 – t분포 _ 221
　　2. t분포를 이용한 구간추정 방법 _ 224
　　[제21강의 정리]
　　[연습문제]

- 책을 맺으면서 _ 228
- 연습문제 해답 _ 232
- 찾아보기 _ 237

'통계학'을 효율적으로 한 단계씩 이해하는 것이 목적

1. 이 책은 왜 2부로 구성되어 있는가?

이 책은 아주 쉽게 이해할 수 있는 통계학 입문서다. 그래서 이 책을 읽고 혹시라도 오해할지 모르겠지만, 그래도 대담하게 말한다면, 이 책은 "책의 내용 가운데 어느 하나라도 빼놓으면 통계학이 아니다."라고 할 수 있을 만큼 아슬아슬하게 필요한 부분만을 간추려 쉽게 이해하며 읽을 수 있도록 구성된 '아주 쉬운 입문서'다.

이 책은 2부로 구성되어 있는데, 제1부에서는 초보 중에서도 초보 독자들을 대상으로 설명을 시작하면서도 '검정'이나 '구간추정'이라는 통계학의 아주 중요한 항목을 최단 시간에 이해할 수 있도록 했다. 제1부를 읽으면 '통계학이라는 것이 무엇을 위한 것이며, 어떠한 개념으로 실현되는가'를 짧은 시간 안에 선체석으로 파악할 수 있을 것이다.

현재 통계학을 배우고 있는데 '이해가 잘 안 된다'고 머리를 싸매고 있는 독자나 입문서를 몇 권씩 읽었지만 매번 모르겠다고 좌절한 경험이 있는 독자는 제1부의 세부적인 내용에 연연하지 말고 반드시 전체

적으로 쭉쭉 읽어 나가기 바란다. 이해하고 싶어도 잘 이해되지 않았던 내용이 반드시 쓰여 있을 것이다. 바쁜 독자는 1부까지만 읽어도 '통계학이 이런 것이구나!' 하고 이해할 수 있을 터이기 때문에 책값이 아깝지는 않을 것이다.

제2부에서는 제1부의 내용에서 더 깊이 들어가 모집단에 관한 통계학적 추정 방법론을 설명한다. **제2부의 목표는 t분포를 사용한 소표본의 검정과 구간추정에 가장 효율적으로 도달하는 것이다.** 이것을 이해할 수 있다면 통계학의 포인트를 알게 되는 셈이다. 통계학을 배우는 많은 사람들이 이 수준까지 도달하기 전에 포기해버린다.

그 원인으로 가장 많이 차지하는 것은 데이터 처리 부분과 확률 부분으로, 이 두 부문에서 대부분의 것들이 같은 계산으로 정의되어 있으면서도 구별이 되는데, 이것들을 구별해 내기가 아주 어렵기 때문이다. 그 이유를 모르기 때문에 공부를 하면서 미궁에 빠져들고, 결국 포기하게 된다고 생각한다.

이 책의 제2부에서는 이 데이터 처리와 확률 구별을 포함해서 초급자들에게 혼란을 주는 원인이 되는 개념이나 곁가지들은 잘라버리고 (학문적 정확성에서 볼 때 필요하지만) 통계적 추정의 본질을 바로 이해할 수 있도록 집필했다. 제2부에서도 어떤 의미에서는 **목표를 향해서 초특급으로 달려가도록 되어 있다.**

2. 통계학이란 무엇인가? 기술통계와 추리통계

통계학은 크게 나눠 두 부분으로 이루어져 있다. 하나는 '**기술(記述) 통계**'라고 부르는 부분이고, 또 하나는 '**추리통계**'라고 부르는 부분이다.

기술통계를 꼭 짚어서 말한다면, 관측을 통해 **얻은 데이터에서 그 데이터의 특징을 뽑아내기 위한 기술**을 말하는 것으로, 기원은 상당히 오래되었다고 할 수 있다. 예를 들어, 인구 조사도 데이터의 일종으로 본다면 구약성서에 나오는 모세가 살던 시대나 로마제국 시대에도 이미 통계를 사용했다. 중국의 한(漢)나라 시대나 일본의 다이카 가이신(大化改新) 시대에도 세금 징수를 위해서 인구조사나 토지조사를 했다.

하지만 기술통계의 확실한 기원은 17세기로 보고 있다. 그 기원으로는 독일 학자인 헤르만 콘링의 〈국정론(國情論)〉, 영국 군인 존 그랜트의 〈사망표에 관한 자연적 및 정치적 관찰〉, 그리고 윌리엄 페티의 〈정치산술〉, 에드먼드 헬리의 〈사망률 추산〉 등이 해당된다. 이러한 연구들에서는 출생률이나 사망률 데이터를 가지고 확실히 어떠한 특징을 꺼내려고 하는 기술통계의 특징을 볼 수 있다.

그 후, 데이터의 특징을 극단적으로 꺼내는 도구로써 **도수분포표**나 **히스토그램** 등 표와 그래프로 표현하는 방법론과 (여러 가지)**평균값**이나 **표준편차** 같은 통계량으로 표현하는 방법론이 개발되었다. 현대에서 이러한 방법론들은 사회나 경제 상황을 파악하거나 기상이나 해양 등의 환경을 조사하는 일에 사용된다.

이에 비해 추리통계는 통계학 방법과 확률 이론을 섞은 것으로, '**전체를 파악할 수 없을 정도의 큰 대상**'이나 '**아직 일어나지 않은, 미래에 일어날 일**'에 관해 추측하는 것이다. 이것은 20세기에 들어와서 확립된 방법론으로, '**부분으로 전체를 추측한다**'는 의미이며, 지금까지 없었던 아주 새로운 과학이라고 해도 과언이 아니다.

우리가 쉽게 접할 수 있는 선거 속보가 전형적인 추리통계의 성과라고 할 수 있다. 막 개표가 시작되었는데 '당선 확실'이라는 보도를 볼 수 있게 된 것은 추리통계의 덕분이다. 이것 말고도 지구온난화의 예상이나 주가 예상, 금융상품이나 보험상품의 가격 책정 등에서도 추리통계는 빠질 수 없는 도구가 되었다.

3. 표준편차를 가장 중요하게 다룬다

이 책 제1부의 앞부분에서는 기술통계를 다루는데, '**표준편차**'로 좁혀서 철저하게 그 의미를 설명한다. 표준편차라고 하는 것은 '데이터가 평균값 주변에 어느 정도 넓게 퍼져 있느냐' 하는 것을 나타내는 통계량이다.

나는 '**통계학에서 가장 중요한 도구는 표준편차**'라고 생각하고 있지만, 많은 통계학 교과서에서는 정의와 계산법을 설명하는 정도로만 다루고 있다. 그래서 공부를 하는 사람들은 '표준편차가 대체 뭐야?'라는 생각을 떨치기 어렵다. 그러나 **표준편차를 충분하게 이해하고 있지 않**

으면, 그 뒤에 전개되는 정규분포와 카이제곱분포, t분포를 이용한 추리통계 방법론을 만났을 때 대체 그것들이 무엇을 하는 것인지 잘 이해할 수 없다. 그래서 많은 사람들이 통계학을 공부하다가 좌절을 느끼게 되는 것이다.

이 책에서는 '여기에서도 또 설명이야?'하고 느낄 정도로 표준편차에 대해서 여러 방법으로 설명한다. **표준편차에 이 정도로 많은 지면을 할애하는 책은 없다**고 자부한다. 단순히 정의를 제시하는 것이 아니라 버스 시간표나 주식 지표 등 구체적인 예를 들어 그 의미를 상세하게 이해할 수 있도록 설명한다. 이것의 부차적인 효과로써 금융상품의 우수성을 판단하는 데 중요한 주가변동성이나 샤프지수 등도 알게 될 것이다. 이러한 지식은 21세기의 고도 금융 사회를 살아가는 독자 여러분들에게 아주 도움이 되는 지식이 될 것이다.

4. '확률'은 거의 다루지 않는다

통계학을 추측하는 데 사용하기 위해서는 기술통계 방법론에 확률이론을 추가해야만 한다. 기술통계에서 배운 평균값은 확률변수에서 기대값이라는 이름으로 또 등장하고, 데이터의 표준편차는 확률변수에서도 표준편차라는 같은 이름으로 다시 등장한다. 계산하는 방법은 같지만 다른 것으로 취급하기 때문에 공부하는 사람들로서는 많이 혼란스러울 것이다(실제로 나도 처음에 공부할 때는 그랬다). 여기에서 발생하는 혼란은 추리통계를 공부해 가는 중에 점점 더 커져서 결국에는 뭐가 뭔지 알 수 없게 된다.

혼란한 원인은 **통계와 확률의 차이가 미묘하기 때문**이다. 통계는 관측된 데이터의 집합이기 때문에 '**과거에 일어난 것에 관한 기술**'인 반면, 확률은 '**미래에 일어날 것에 관한 기술**'이다. 이렇게 '현재'를 기준으로 보면 두 가지는 아주 의미가 다르지만, 시간 축 위를 오고가다보면 그 차이는 줄어든다. 왜냐하면 '미래에 일어날 것'은 그때가 지나면 '이미 일어난 데이터'가 되어 버리고, '과거에 일어났던 것'도 그 전 시점으로 되돌아가면 '미래에 일어날 것'이 되기 때문이다.

이렇게 같은 것인지 다른 것인지 차이가 미묘한 통계와 확률을 평균값이나 표준편차 등으로 같은 계산을 각각 적용하기 때문에 공부하는 사람들이 혼란스러워 하는 것도 무리는 아니다. 게다가 추리통계의 방법에서는(이 책의 제9강의에서 자세히 설명한다), '**이미 과거의 것에서 얻은 데이터를 마치 미래에 일어날 것인 양**' 추측하는 것으로 보인다. 그래서 꼼꼼한 사람일수록 대체 무엇을 하고 있는 것인지 모르는 답답한 심정을 갖기 쉽다. 그래서 이 책에서는 공부하는 사람들이 혼란스러워하지 않도록 '**가능한 한 확률을 사용하지 않는다**'는 대담한 시도를 해보았다.

실제로 이 책을 대략적으로 훑어본 독자라면 바로 알겠지만, 다른 통계학 책에서는 반드시라고 해도 좋을 정도인 콤비네이션 공식 nCk나 P(X=x)와 같은 확률변수 기호는 전혀 나오지 않는다. 이 책에서는 '**데이터 세트에서 데이터 x는 모든 데이터 중에서 p퍼센트를 차지한다**'

라고 하는 것과 '데이터 세트 중에서 하나의 데이터를 관측할 때, 이것이 x일 확률은 p퍼센트다'라는 것을 동일시하여 설명한다. 이것은 추리통계 학자가 열심히 연구해 쌓아올린 이론의 경계를 무시하는 셈이 되어 마음 아프지만, 통계학을 알고 싶어 하는 많은 사람들이 혼란을 겪지 않도록 하기 위한 어쩔 수 없는 방법이라고 생각하며, 일반 독자들이 이것에 대해 심한 위화감을 느끼지는 않을 것이라고 생각한다.

5. '95% 예언적중구간'으로 설명한다

다만, 이 책의 어느 한 부분에서는 철저히 '과거와 미래를 구별'하는 곳이 있다. 그곳은 검정과 구간추정의 기초가 되는 사고방법을 다루는 부분이다.

그 부분에서는 **다른 책에서는 전혀 설명하지 않는 나만의 생각을 제시한다. 그것은 '95% 예언적중구간'이라는 나만의 표현으로 설명한다.** 이것은 추리통계에 관한 나만의 독창적인 해석이다. 이런 의미에서 통계학 전문가들이 문제 삼을지도 모르겠다. 그러나 나는 확률론을 사용한 의사결정이론의 전문가로서, 여기에는 (철학적인 의미에서의)사상이 담겨있다고 강하게 주장하고 싶다. 그리고 이 해석이야 말로 많은 초급자들에게 추리통계의 발상 개념을 전할 수 있을 것이라는 신념을 갖고 있다. 이런 의미에서 이 해석은 책에서 가장 위험한 부분인 동시에 가장 흥미로운 부분이 될 것이다.

6. 수학 기호나 공식은 거의 사용하지 않는다

이 책에서는 대담하게 확률 부분을 떼어 버렸기 때문에 고등학교 이상에서 배우는 수학을 사용할 필요가 없다. 다른 통계학 책들은 아무리 '입문'이라고는 해도, 아무리 '쉽다'고 해도 확률을 접해야 하는 이상은 고등학교 이상에서 배우는 수학을 배제할 수 없다. 콤비네이션 기호나 시그마 기호, 확률변수의 기대값은 당연한 것이고, 그 이상인 미분적분 기호나 계산은 어떻게 해서든지 등장하게 된다.

그러나 **이 책에서는 콤비네이션 기호나 시그마 기호, 확률변수의 기대값도 사용하지 않고, 미분적분도 완전히 배제했다. 사용하는 것은 중학교에서 배우는 정도의 수학, 그것도 대부분이 일차방정식과 루트 계산뿐이다.**

물론, 이렇게 간단하게 공부해서는 전체 통계학을 이해하는 데 방해가 된다는 점은 부정하지 않는다. 그렇지만 이러한 방법을 선택한 것은 **'통계학 사고 방법의 본질적인 부분은 수학 기호나 수학 공식이 없어도 제대로 전달할 수 있다'**고 생각했기 때문이다. 그리고 오히려 수학 알레르기 때문에 통계학을 이해할 수 없다는 초급자들이 통계학의 '혼합물을 제외한 본질'을 이해할 수 있다면, 수학도 포함된 전체를 이해하는 것은 다른 책으로 공부해도 가능할 것이라고 생각했기 때문이다.

또한 이 책에서는 **통계학 공식을 가능한 한 말로 표현했다.** 수학 기호가 어렵다는 이유로 수리적인 것을 피하는 것은 마치 음표를 읽을 줄

몰라서 음악을 들을 수 없다고 하는 것과 같아서 참으로 안타까운 일이다. 누구나 '음악의 본질은 음표와는 별개'라는 말에 동의할 것이다. 이와 마찬가지로 **'통계학의 본질은 수학 기호와는 별개'**라고 하는 점을 전하고 싶을 뿐이다.

7. 괄호를 채우는 간단한 연습문제로 독학이 가능하다

통계학을 잘하기 위해서 빼놓을 수 없는 것이 **연습문제를 통해서 실제로 손으로 계산해보는 일**이다. 그렇기 때문에 이 책에서는 **연습문제를 각 강의 끝부분에 실었다**. 그 문제들은 해당 강의 내용을 확인하기 위한 것으로 아주 간단한 문제들이다. **순서대로 괄호를 채워 가면 자연스럽게 풀리는 알기 쉬운 형식**으로 되어 있으니 반드시 모든 문제들을 풀어보기 바란다.

자, 이제 이 책을 보는 모든 독자들이 이 책을 독파하여 통계학의 문을 열고 나가길 바라며 강의를 시작한다.

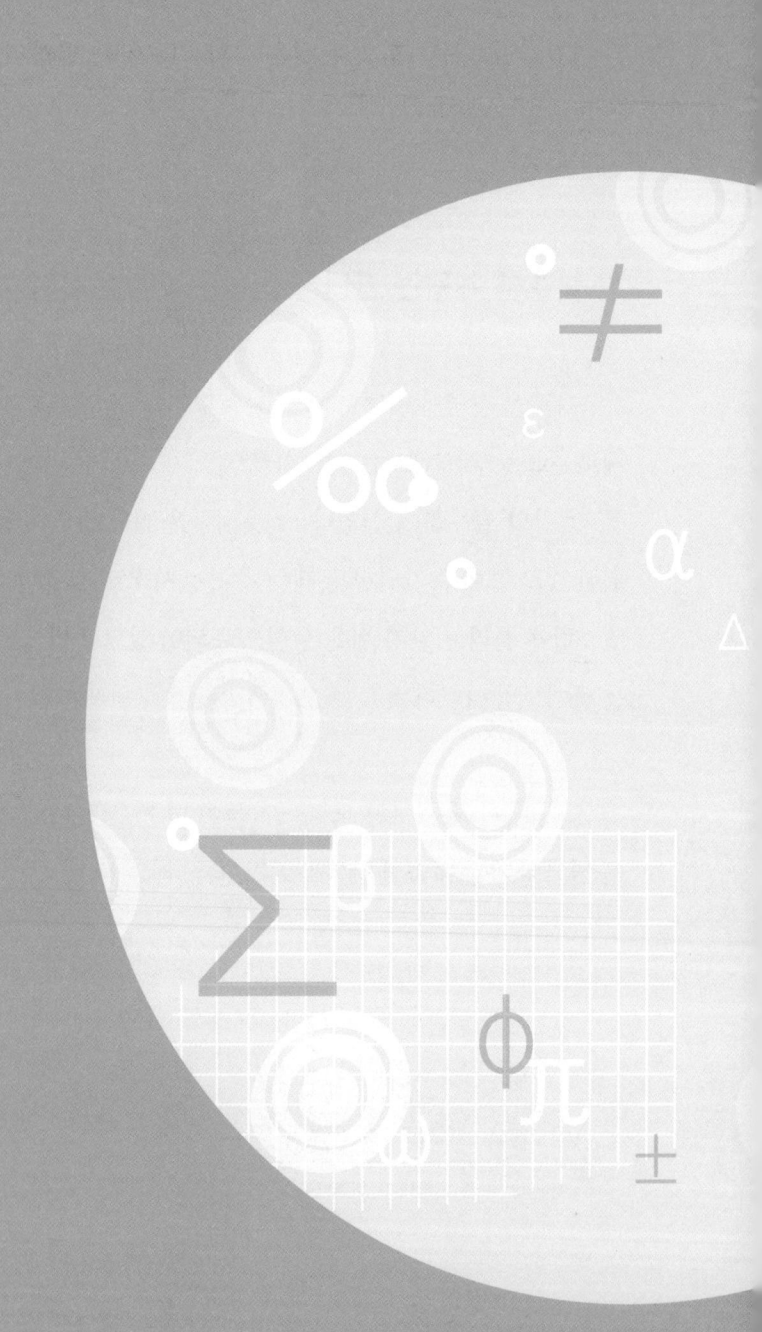

제1부

표준편차부터 검정과 구간추정까지를 한번에

제1부의 목표는 '통계학이란 분야가 무엇을 위한 것이고, 어떤 개념으로 실현되는가'를 짧은 시간 안에 일목요연하게 이해하는 것이다.

앞부분에서는 기술통계, 즉 데이터에서 그 데이터의 고유한 특징을 이끌어 내기 위한 방법으로 도수분포표나 히스토그램 같은 도표를 만드는 법과 평균값, 표준편차 등의 통계량을 계산하는 방법을 설명한다. 특히 '표준편차란 무엇인가'를 모든 방법을 동원해서 철저하게 설명해서 표준편차의 이미지가 자연스럽게 떠오를 수 있도록 한다. 이렇게 하면 표준편차가 금융상품의 위험을 측정하는 중요한 지표라는 사실을 알게 될 것이다.

뒷부분에서는 추리통계에 대한 초특급 설명이 이어진다. 정규분포에서 시작해 통계학의 주역인 검정과 구간추정의 개념까지 꼭 필요한 중요 부분만을 다루기 때문에 아주 짧은 시간 안에 통계학의 핵심을 이해할 수 있으며, 통계학의 개념이 머릿속에서 술술 풀리게 될 것이다.

도수분포표와 히스토그램

: 데이터의 특징을 돋보이게 하는 도구

1. 데이터 자체로는 아무것도 알 수 없기 때문에 통계를 사용

우리는 일상적으로 많든 적든 데이터를 다루고 있다. 장사를 한다면 매일 매일의 손님 수와 매출액이 가장 중요한 데이터일 것이고, 학생이라면 각종 시험성적이 진학을 위한 중요한 데이터 역할을 할 것이다. 또한 성인이라면, 매년 정기건강진단을 통해 얻는 혈압이나 혈중 콜레스테롤 수치가 신경 쓰일 것이다. 이렇게 따지면 데이터와 무관하게 사는 사람은 없다고 해도 과언이 아니다.

그러나 데이터라는 것은 데이터 자체(즉, 단순한 숫자들의 나열)를 뚫어져라 본다고 해서 어떤 정보를 속 시원하게 알 수 있는 것은 아니다. 데이터는 분명 어떤 의미에서 '현실 그 자체'를 나타내지만, '열심히 봐도 아무것도 알 수 없다'는 점으로 보면 '데이터'나 '현실'이나 마찬가지다.

도표1-1은 여대생 80명의 키를 정리한 데이터다. 이 80개의 숫자를 살펴보고 어떤 정보를 이끌어 낼 수 있을까? 우선은, 아주 당연한 얘기지만, '여대생들의 키는 **모두 같지 않고 제각각의 수치로 나타난다**'는

점을 확인할 수 있다. '성인 여성' 중 일부 집단의 데이터지만, 이 집단에 속한 사람들의 키는 다양한 수치로 나타나고 있다. 이 **'다양한 수치로 나타나는 것'**을 전문용어로 **'분포한다'**고 표현한다.

▶ **도표 1-1** 여대생 80명의 키(cm)

151	154	158	162
154	152	151	167
160	161	155	159
160	160	155	153
163	160	165	146
156	153	165	156
158	155	154	160
156	163	148	151
154	160	169	151
160	159	158	157
154	164	146	151
162	158	166	156
156	150	161	166
162	155	143	159
157	157	156	157
162	161	156	156
162	168	149	159
169	162	162	156
150	153	159	156
162	154	164	161

분포가 생기는 이유는 그 수치들이 결정된 이면에 어떤 **'불확실성'**이 움직이고 있기 때문이다. 불확실성의 구조가 제각각인 키의 수치를 발생시킨다고 생각하는 것이다. 그런데 '불확실'이라는 말로 표현하기는 해도, 여기에는 고유한 '특징'이나 '반복되는 것'이 있다. 그 고유한 특징이나 반복되는 것을 **'분포의 특성'**이라고 한다.

그러면 이 키 데이터에서 고유한 특징이나 반복되는 것은 무엇일까?

01 강의

데이터 해석에 익숙한 사람이라면 수치를 살펴보는 것만으로도 여러 특징들 혹은 반복되는 것들을 이끌어 낼 수 있겠지만, 보통 사람들은 그저 단순한 숫자들의 나열로밖에 보이지 않을 것이다. 그래서 데이터 그 자체, 즉 '현실 그 자체'로부터 무엇인가 그 분포의 특징이나 반복되는 것을 이끌어 내기 위한 방법이 필요해졌다. 이것이 '**통계**'라는 방법이다.

통계에서 사용되는 것은 '**축약**'이라고 부르는 방법이다. 축약은 '**데이터로 나열되어 있는 많은 숫자를 어떤 기준으로 정리정돈해서 의미 있는 정보만을 추출**'하는 것을 의미하는 말로, 크게 다음과 같은 두 가지 방법이 있다.

① 그래프로 만들어서 그 특징을 파악할 수 있도록 한다.
② 숫자 하나로 특징을 대표하도록 한다.

이 대표하는 숫자를 '**통계량**'이라고 한다.

2. 히스토그램 만들기

축약 방법 중 우선 ①그래프로 만드는 방법부터 알아보자. 데이터 자체를 그래프로 만들 때 가장 많이 쓰이는 그래프는 '**히스토그램**'으로, 쉽게 말하면 '**막대그래프**'다. 이것을 만들기 위해서는 먼저 도수분포표라는 표를 만들어야 하는데, 만드는 방법은 다음과 같다.

1단계

데이터 중에서 수치가 가장 큰 것(**최대값**)과 가장 작은 것(**최소값**)을 찾는다.

↓

2단계

최대값부터 최소값까지 포함되도록 하여 구간을 자르기 좋은 대강의 범위를 만들고, 그 범위 내에서 5~8개 정도의 작은 범위(작은 구간)들로 자른다. 이렇게 자른 작은 범위를 '**계급**'이라고 한다.

↓

3단계

각 계급을 대표하는 수치를 정한다. 기본적으로 아무 값이나 대표로 정해도 되지만, 일반적으로 가장 가운데 값을 선택하는 경우가 많다. 이것을 '**계급값**'이라고 한다.

↓

4단계

각 계급에 들어가 있는 데이터의 총 개수를 센다. 이것을 '**도수**'라고 한다.

↓

5단계

각 계급의 도수가 전체에서 차지하는 비율을 계산한다. 이것을 '**상대도수**'라고 한다. **상대도수는 합하면 1이 된다.**

↓

6단계

어느 계급'까지'의 도수를 모두 합한다. 이것을 '**누적도수**'라고 한다. 최종 누적도수는 데이터의 총 개수와 일치한다.

그러면 도표1-1(여대생 80명의 키)의 데이터를 가지고 각 단계별로 작업을 해보도록 하자(도표1-2 참조).

1단계

최대값은 169이고 최소값은 143이다.

2단계

범위를 143과 가까운 구간에서 자르기 좋은 숫자로 140을 선택하고, 169와 가까운 구간에서 자르기 좋은 숫자로 170을 선택해 140에서 170까지를 범위로 하는 계급을 만든다. 그리고 5개 데이터씩(5cm 씩) 묶으면 6개의 계급이 생긴다(도표1-2의 첫째 칸 참조).

3단계

계급값으로는 가장 가운데 값을 사용한다. 예를 들어서 제1계급에서는 141, 142, 143, 144, 145의 5개 데이터가 들어가 있기 때문에 가운데 값인 143을 선택한다. 이와 같이 모든 계급에서 대표값을 선택한 것이 도표1-2의 둘째 칸이다.

4단계

각 계급에 들어가 있는 데이터의 총 개수(도수)를 센다(도표1-1에 하나하나 나타나 있는 수들을 각 계급에 해당하는 도표1-2 계급 옆에 '正' 자로 표시해두면 효율적이다). 각 도수는 도표1-2의 셋째 칸이다.

5단계

각 도수를 데이터의 총 개수 80으로 나눠서 상대도수를 구한다. 도표 1-2의 넷째 칸을 참조한다(모두 더해서 1이 되면 맞게 계산한 것이다).

6단계

도수를 위에서부터 차례로 더해 내려가며 누적도수를 계산한다. 도표1-2의 다섯째 칸을 참조한다(마지막 줄 모든 데이터의 총 개수가 80이 되면 맞게 계산한 것이다).

▶ 도표 1-2 여대생 80명 키의 '도수분포표'

계급	계급값	도수	상대도수	누적도수
141~145	143	1	0.0125	1
146~150	148	6	0.075	7
151~155	153	19	0.2375	26
156~160	158	30	0.375	56
161~165	163	18	0.225	74
166~170	168	6	0.075	80

이것으로 도수분포표가 완성됐다. 그러면 이 표를 잘 살펴보도록 하자.

우선, 중요한 것은 **이렇게 도수분포표를 만들면 잃어버리는 정보가 있다**는 점이다. 어떤 정보를 잃어버렸을까? 바로 '**데이터에 나타나 있던 수치들 자체**'다.

예를 들어, 도표1-2의 제4계급인 156부터 160까지의 범위를 보면, 도수를 통해 30개의 데이터가 있다는 것을 알 수 있지만, 그 30개의 데이터가 각각 어떤 수치였는지 세부적인 수치는 잃어버렸다. 이것은 도수분포표를 만드는 과정에서 생기는 축약으로 인해 발생한 일이다. 하지만 중요한 것은 이런 희생을 감수하는 대신에 귀중한 정보를 얻을 수 있다는 점이다. 도수 칸을 보면 키가 작은 계급부터 차례대로 1, 6, 19, 30, 18, 6이란 수치가 나와 있는데, 이 수치로 다음과 같은 데이터의 특징을 발견할 수 있다.

특징1

키(데이터)는 균등하게(모두 똑같이) 분포하지 않고, **어느 한 곳에**(구체적으로는 156~160의 계급에) **집중되어 있다**.

특징2

또한 집중되어 있는 곳을 기점으로 삼으면, 이 기점으로부터 작은 편에 속하든지 큰 편에 속하는 추이를 보인다. 즉, 데이터의 분포에는 **어느 한 곳을 축으로 좌우 대칭성이 있다는 말이다**.

성인 여성들의 키가 정해지게 된 구조 뒤에는 어떠한 '불확실성'이 있지만, 여기에는 고유한 특징이 있다는 것을 알 수 있다. 그 특징들을 열

거해보면,

　① 어떠한 수치든지 가능한 것은 아니다

　② 어느 한 키(158cm) 주변에 집중되어 있다

　③ 그곳(158cm)을 기점으로 해서 큰 편과 작은 편은 '수치가 별로 보이지 않는다는 점이 서로 비슷하다.'

이런 특징들은 데이터 자체를 그냥 보았을 때는 몰랐던 정보다. 축약은 데이터의 세부적인 수치들을 희생시키지만, 이 희생으로 **데이터의 분포와 그 이면에 있는 특징들이 돋보이게 된다.**

이것을 '이야기의 요점'으로 설명할 수 있다. 누군가에게 이야기를 할 때 처음부터 끝까지 전부 말하면 상대방은 무엇이 중요한지 모른다. 하지만 세부적인 이야기나 비교적 필요하지 않은 부분들을 생략하고 이야기하면 '요점'이 돋보인다. 우리들이 알고 싶은 것은 대부분의 경우 '이야기 전부'가 아니라 그 '요점'일 때가 많다. 따라서 축약을 데이터의 요점을 정리하는 작업이라고 이해해도 좋겠다.

도수분포표가 이해됐다면 이제 이것을 **막대그래프로 나타내보자**. 방법은 다음과 같다.

1단계

가로축에 계급값(도수분포표 둘째 칸에 있는 수)을 같은 간격으로 둔다.

2단계

각 계급값 위에 막대를 세우는데, 막대 높이는 그 계급값에 속한 계급도수(도수분포표의 셋째 칸)로 한다(상대도수로 하는 경우도 있다).

이렇게 만든 막대그래프를 **히스토그램**이라고 한다. 도표1-2의 도수분포표를 히스토그램으로 만든 것이 도표1-3이다.

이 히스토그램을 보면 앞에서 도수분포표를 통해 알게 된 것, 즉 **특징1**과 **특징2**를 더욱 명확하게 알 수 있다. 막대의 높이는 가운데 세 막대가 높고 양쪽 바깥의 막대는 낮다. 이를 통해 데이터가 158cm 주변에 집중되어 있는 것을 볼 수 있고, 데이터 분포가 좌우대칭에 가까운 특성도 찾아볼 수 있다.

여기에서 이 히스토그램을 '읽는 방법'을 확실히 이해할 수 있도록 설명해보겠다. 가장 높은 막대그래프를 예로 들면, 막대는 158 위에 도수 30의 높이로 세워져 있다. 이것은 키가 156~160cm 사이인 여대생이 30명이라는 것을 나타낸다. 그러나 앞으로의 데이터 처리를 생각해볼 때 다음과 같이 해석할 수도 있음을 알아두기 바란다.

해석은 이렇다. '**정확히 키가 158cm인 여대생이 30명 있다.**' 이렇게 해석해버리면 현실을 정확하게 나타낼 수는 없다. 하지만 여기에서 우리들이 알고 싶은 것은 '데이터 전부'가 아니라 '**데이터에 잠재되어 있**

▶ **도표 1-3** 여대생 키의 '히스토그램'

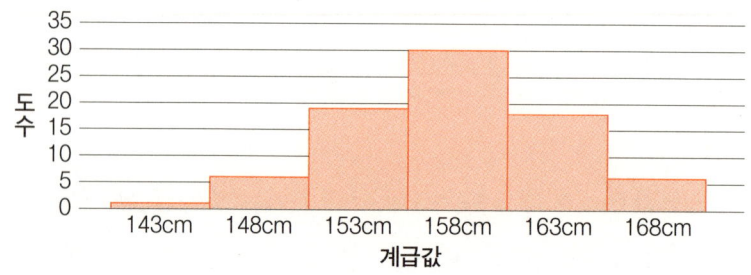

는 특징'이라는 점을 생각하기 바란다. '특징'이라는 것은 대략적인 것이기 때문에 이렇게 해석하더라도 우리들의 목적을 방해하지는 않는다고 생각해도 좋을 것이다. 히스토그램은 앞으로 계속되는 통계학 설명에서 중요한 역할을 하니 잘 이해해두기 바란다.

제1강의 | 정리

① 데이터 자체는 현실 그대로를 나타내지만, 이것을 아무리 자세히 본다고 해도 알 수 있는 것은 없다.
② 데이터를 축약하는 방법에는 '**그래프**'를 만드는 방법과 '**통계량**'을 구하는 **방법** 두 가지가 있다.
③ 도수분포표는 데이터를 5~8개 정도의 그룹으로 나눈 것이다. **도수분포표로 데이터의 특성**(데이터가 집중되는 곳이나 대칭성 등)**을 파악할 수 있다**.
④ 히스토그램이란 **도수분포표를 그래프로 바꾼 것**으로, 더욱 쉽게 데이터의 특징을 파악할 수 있다.

+ 연 습 문 제

도표1-4는 여대생의 몸무게 데이터다. 도수분포표와 히스토그램을 그리시오.

> **도표 1-4 여대생 몸무게**

48	54	47	50	53	43	45	43
44	47	58	46	46	63	49	50
48	43	46	45	50	53	51	58
52	53	47	49	45	42	51	49
58	54	45	53	50	69	44	50
58	64	40	57	51	69	58	47
62	47	40	60	48	47	53	47
52	61	55	55	48	48	46	52
45	38	62	47	55	50	46	47
55	48	50	50	54	55	48	50

① 도수분포표를 만드시오. (상대도수는 소수점 넷째 자리까지)

계급	계급값	도수	상대도수	누적도수
36~40				
41~45				
46~50				
51~55				
56~60				
61~65				
66~70				

② 히스토그램을 그리시오.

* 해답은 232쪽

평균값의 역할과 평균값을 이해하는 방법

: 평균값은 지렛대가 균형을 이루는 지점

1. 통계량은 데이터를 요약한 수치

제1강의에서는 데이터의 특징을 꺼내기 위한 기술인 '축약'의 방법으로 도수분포표와 히스토그램을 소개했다.

도수분포표나 히스토그램은 사회에서 아주 자주 사용되고 있는 방법이다. 신문이나 잡지를 펴보면 반드시 둘 중 하나는 실려 있을 것이다. 분명히 이런 방법들은 데이터의 특징을 이끌어내고 그 특징을 이해시킬 수 있는 일목요연한 효과를 가지고 있기 때문에 아주 훌륭한 방법이라고 할 수 있다. 그러나 아쉽게도 여기에는 몇 가지 단점이 있다.

첫째, **그래프를 보고 데이터의 특징을 생각할 때 사람에 따라서 받아들이는 인상이 제각각**이라는 점이다. 이렇게 되면 자신들이 받은 인상을 바탕으로 서로 다른 이야기를 해 의사소통이 잘 이루어지지 않는 경우가 생길 수 있다. 예를 들어, 히스토그램으로 나타난 '형태'가 얼마나 높은가 하는 것은 말로 잘 표현할 수 없다. 그래서 데이터로부터 추출한 성질을 통해서 어떠한 과학적인 결론이나 비즈니스 상의 전략을 세우기 위해 통일된 의견을 도출하기가 상당히 어려울 수 있다.

둘째, 도수분포표로 나타내든지 히스토그램으로 나타내든지 **상당히 많은 공간을 필요로 한다**는 점이다(앞 강의를 다시 본다면 확실히 알 수 있을 것이다). 이 성질은 신문이나 잡지 등 애당초 보는 즐거움이 필요한 자료에서는 별로 문제가 되지 않지만, 학술적인 논문이나 조사보고서 등에서는 무의미하게 공간을 채우게 되어 별로 바람직하지 않다.

그래서 이러한 표나 그래프가 가진 두 가지의 단점을 극복하기 위해서 또 하나의 '축약' 방법이 발명되었다. 바로 '**통계량**'이다. 통계량은 '데이터의 특징을 하나의 숫자로 요약'한 것이다. 그래서 '**데이터의 어떤 비슷한 특징을 요약하고 싶은가**'에 따라서 여러 가지 통계량이 개발되었다. 이 책에서는 그 중에서 아주 대표적인 것만으로 한정하여 소개한다.

구체적으로는 '**평균값**', '**분산**', '**표준편차**'가 있다(더욱 자세하게 이야기하면 표본평균, 표본분산, 표본표준편차, 모평균, 모분산, 모표준편차가 있지만, 지금은 이렇게 구별하는 것에 신경 쓰지 않아도 된다). 그 시작으로 먼저 '**평균값**'을 소개한다.

2. 평균값이란?

평균값은 여러분들이 어렸을 때부터 접해서 익숙한 통계량이기 때문에 굳이 자세히 설명할 필요가 없겠지만 그래도 짧게 설명하자면, '**데이터 합계를 데이터 총 개수로 나누기**'해서 얻은 값이다.

예를 들어, 도표1-1에 있는 여대생 80명의 키 데이터 평균값은

{151+154+……+156+161}÷80=157.575

가 된다.

3. 도수분포표에서의 평균값

다음으로 도수분포표로 평균값 계산을 설명해보자.

여기에서도 제1강의에서 사용한 여대생 키를 나타낸 도표1-2의 데이터를 사용했다. 필요한 것은 계급값(계급을 대표하는 수치)과 상대도수만 있으면 되기 때문에 도표1-2에서 이 부분만을 다시 정리했다. 우선 결론부터 이야기하면, **(계급값×상대도수)를 계산해 합계를 구하면 평균값이 나온다.** 이 계산을 구체적으로 한 것이 도표2-1이다.

▶ **도표 2-1** 계급값×상대도수의 합계=평균값

A(계급값)	B(상대도수)	A×B
143	0.0125	1.7875
148	0.075	11.1
153	0.2375	36.3375
158	0.375	59.25
163	0.225	36.675
168	0.075	12.6
	(A×B)의 합계(평균값)	157.75

도수분포표를 만드는 것은 앞 강의에서도 설명한 것처럼 데이터 자

체가 갖고 있는 정보의 일부를 버리는 일이다. 그렇기 때문에 이 방법으로 계산한 평균값은 데이터 자체의 평균값과는 조금 차이가 있다. 그러나 '거의 같다'고 해도 지나치지 않을 정도의 차이다. 실제로 데이터 자체를 가지고 구한 평균값은 앞에서 계산한 것처럼 157.575이고, 도수분포표에서 얻은 것은 157.75이기 때문이다. 이 정도의 차이는 실용적으로 받아들일 수 있는 범위에 속하는 차이라고 할 수 있다. **이것은 도수분포표를 만드는 것이 평균값이라는 통계량에는 별로 큰 영향을 주지 않는다**는 것을 의미한다.

이 계산{(계급값×상대도수)의 합계}은 통계학 전반에 걸쳐서 사용하는 것이기 때문에 잘 기억해두기 바란다. 가능하면 이 계산이 자연스럽게 떠오를 수 있을 때까지 확실히 머릿속에 입력해 두었으면 한다. 그러기 위해서 왜 이 계산으로 평균값을 구하는지, 대체 무엇을 하고 있는 것인지, 이 질문들에 대한 구체적인 설명이 필요할 것 같다.

도수분포표는 데이터 전체를 몇 개의 그룹(이것을 계급이라고 불렀다)으로 나누고, '각 그룹의 데이터 전부가 대표적인 값(계급값이라고 불렀다)과 같다'고 가정한 것이라고 생각해도 좋다고 설명했다.

예를 들어, 제2계급의 146~150cm의 데이터는 6개가 있지만, 도수분포표에서 이 6개의 데이터가 구체적으로 어떤 수치인지는 알 수 없다. 이때 이 계급에는 '계급값 148이라는 데이터가 6개 나열돼 있다'고 생각하라는 설명이었다.

그러면 제2계급의 데이터 합계는 (계급값×도수)=148×6으로 계산할 수 있다. 모든 계급에서 곱셈을 하고 모두를 더하면 모든 데이터의

(가상적인)합계가 되고, 이것을 데이터 총 개수로 나누면 (가상적인)평균값이 나온다는 것을 알 수 있다.

그러면 제2계급의 (계급값×도수)=148×6을 모든 데이터 수 80으로 나누어 계산하면

$$148 \times 6 \div 80 = 148 \times \left(\frac{6}{80}\right) = (계급값 \times 상대도수)$$

가 되는 것에 주목해보자.

모든 계급을 이렇게 계산해서 더하면,

$$평균값 = \{(계급값 \times 도수)의\ 총합\} \div (총\ 데이터\ 수)$$
$$= (계급값) \times \{(도수) \div (총\ 데이터\ 수)\}의\ 총합$$

이 된다. 여기에서 (도수÷총 데이터 수)는 상대도수이기 때문에 **(계급값×상대도수)의 총합**이 되는 것을 알 수 있다. 이로써 계산의 의미가 명확해지고, 이 계산의 의미를 안다면 '왜 데이터 자체로 구한 평균값과 별로 차이가 없는지'에 대해서도 쉽게 이해할 수 있을 것이다.

예를 들어, 제2계급 중에서 6개 데이터 수를 모두 148이라고 가정했지만, 6개 중에는 이보다 큰 데이터 수도 있고 작은 데이터 수도 있다. 실제로 도표1-1에서 제2계급의 데이터 수 6개를 보면 146, 146, 148, 149, 150, 150 이다. 이러한 데이터 수를 모두 148이라고 가정했기 때문에 −2, −2, +1, +2, +2의 오차가 생긴다. 그러나 이 6개의 데이터 수를 합할 때 플러스 수와 마이너스 수가 상쇄되어 최종적인 오차는 +1로 그다지 커지지 않는다. 즉, **같은 계급의 모든 데이터 합계는 (계급값×도수)로 바꾸어도 큰 차이가 나지 않는다**고 할 수 있다.

4. 히스토그램에서 평균값의 역할

계속해서 평균값이 히스토그램 상에서 어떤 의미를 갖는지 알아보자. 이것도 결론부터 말하자면, 히스토그램을 지렛대라고 가정했을 때 평균값은 지렛대가 일자로 균형을 이루는 지점이라고 할 수 있다.

예를 들어, 여대생의 키를 나타낸 데이터 도표2-2에서 삼각형의 꼭짓점이 있는 부분이 평균값 157.75다. 구체적으로 설명하면, 평평한 판이 히스토그램이라고 하고 평균값이 되는 곳 밑에 삼각형 모양의 받침대를 두면, 오른쪽으로도 왼쪽으로도 기울어지지 않고 히스토그램은 균형을 이루게 된다.

왜 그렇게 되는가는 [보충설명]에서 간단히 설명하겠지만, 통계학을 배우는 데 중요한 것은 아니기 때문에 잘 이해가 되지 않으면 그냥 넘어가도 상관없다.

▶ **도표 2-2** 평균값 = 지렛대의 균형 지점

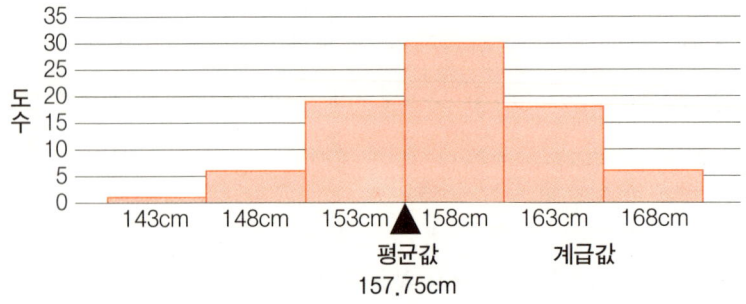

5. 평균값을 어떻게 이해해야 하는가?

지금까지 배운 내용을 바탕으로 평균값을 어떻게 이해해야 하는지 알아보자. 핵심은 '**데이터는 수치적으로 널리 퍼져있지만, 그 널리 퍼져있는 것 중에 하나의 수를 모든 데이터를 대표하는 수로 뽑은 것**'이 평균값이라는 것이다. 지렛대가 균형을 잡을 수 있는 어딘가 알맞은 지점에 받침대(도표2-2의 받침대가 있는 곳)를 세우지 않으면 어느 한쪽으로 기울어져 균형이 맞지 않는다.

그런데 여기에서 한 발 더 나아가보면 '**데이터들은 평균값 주변에 분포되어 있다**'는 말이 된다는 것을 알 수 있다. 한 예로, 나비 가운데 어느 한 종류의 몸길이 평균값이 5cm라고 가정해보자. 우리들은 이 정보를 통해서 그 종류의 나비들은 몸길이가 정확히 5cm는 아니지만, 대략 5cm 전후일 것이라고 생각할 것이다. 적어도 20cm나 50cm라고는 생각하지 않을 것이란 말이다.

그 다음으로 이해해야 할 것은 '**많이 나타나는 데이터는 평균값에 주는 영향력이 크다**'는 점이다. 계급값에 상대도수를 곱하기 때문에 많이 나타나는 비율의 데이터가 더해지는 것에 비해서 큰 영향을 주는 것은 당연하다고 할 수 있다.

또 한 가지 중요한 것은 '**히스토그램이 좌우대칭일 경우, 평균값은 대칭이 되는 축에 자리한다**'는 점이다. 이것은 지렛대가 균형을 이루는 지점을 상상하면 쉽게 이해될 것이다.

마지막으로 '가령 모든 데이터가 같은 숫자라고 가정할 경우, 평균값은 **합계의 의미로 봤을 때 원래의 데이터로 보기에도 손색이 없을 정도의 수**'라는 점이다.

이것은 **(평균값)+(평균값)+……+(평균값)=모든 데이터의 합**이라는 계산에서 얻을 수 있는 결론이다. '모든 데이터를 같다고 가정해도 덧셈을 하면 본질을 잃어버리지 않는다'는 것을 의미한다.

제2강의 │ 정리

도수분포표에서의 평균값 계산
평균값 = (계급값 × 상대도수)의 합계

히스토그램에서 평균값의 의미
히스토그램을 지렛대라고 가정했을 때 평균값은 균형을 이루는 지점이다.

평균값의 성질
1. 데이터는 평균값 주변에 분포한다.
2. 많이 나타나는 데이터가 평균값에 주는 영향력은 크다.
3. 히스토그램이 좌우 대칭인 경우, 그 대칭축을 지나는 점이 평균값이 된다.

✚ 연 습 문 제

다음의 데이터로 도수분포표를 채우고 평균값을 구하시오.

계급값	도수	상대도수	계급값×상대도수
30	5		
50	10		
70	15		
90	40		
110	20		
130	10		
	합계100		합계(평균값)

* 해답은 232쪽

COLUMN 컬럼

평균을 구하는 방법은 여러 가지

평균값이라고 하면 일반적으로 '모든 수를 더하고 총 개수로 나누는 것'만 생각하겠지만, 이것은 평균을 구하는 방법 가운데 하나에 불과하다. **실제로는 이 외에도 여러 가지 방법이 있다.** 본문에서 서술한 것과 같이 평균값이라는 것은 데이터의 최소값과 최대값 사이에 있는 어떤 하나의 수를 대표로 뽑은 것이기 때문에 목적에 따라서 선택해야 하는 수가 달라지는 것이 자연스러운 일이다.

예를 들어, 두 개의 수 x와 y의 평균을 구한다고 해보자. '모든 수를 더하고 총 개수로 나누는' 평균의 식은 $\frac{(x+y)}{2}$로, 이를 '산술평균'이라고 한다. 이 산술평균은 가장 잘 알려진 방법이다.

그런데 '곱해서 루트를 하는 계산, 곧 $\sqrt{xy}$로 평균을 구하는 방법이 있다. 이것은 '**상승평균**' 또는 '**기하평균**'이라고 하며, '같은 수를 두 번 곱한 값이 x와 y를 곱한 값과 같도록 한다면 그 수는 무엇인가'를 구하는 계산이다. '성장률'의 평균을 구하는 경우에 잘 사용된다. 예를 들어, 한 기업의 어느 해 매출이 50% 성장했고 다음 해에는 4% 감소했다고 했을 때, 이 기업의 매출성장률을 2년 동안의 자료로 계산하면 $\sqrt{1.5 \times 0.96} = \sqrt{1.44} = 1.2$가 되어 성장률은 20%가 된다. 그래서 **2년 연속 20%씩 성장한 경우와 결과적으로는 같다**는 말이다. 실제로 2년 연속 20%씩 성장하면 1.2×1.2=1.44로 매출은 1.44배가 되는데, 이것은 1년째에 50% 성장하고 2년째에 4% 감소해 1.5×0.96=1.44가 되는 것과 일치한다.

평균을 구하는 또 다른 방법으로 '**제곱평균**'이라는 것도 있다. 이것은 각 데이터를 제곱하여 더하고 총 개수로 나눈 뒤에 루트를 하는 방법이다. 식으로 쓰면 $\sqrt{\frac{x^2+y^2}{2}}$가 된다. 이 방법은 바로 뒤에 나올 표준편차를 구할 때 사용한다.

또 한 가지 더 소개하자면 **조화평균**이라는 것이 있는데, 식으로 쓰면 $\dfrac{2}{\frac{1}{x}+\frac{1}{y}}$가 되지만, 의미부터 알아야 이해하기 쉬울 것이다. 예를 들어, 갈 때는 시속 x km로, 돌아올 때는 시속 y km로 이동했다면, 결국 평균시속 몇 km로 이동한 것이 되는가? 이것을 구하는 식이라고 할 수 있다. 편도를 1km라고 한다면, 갈 때 드는 시간은 $\dfrac{1}{x}$이고 돌아올 때 드는 시간은 $\dfrac{1}{y}$이기 때문에 왕복 2km에 $\dfrac{1}{x}+\dfrac{1}{y}$의 시간이 드는 셈이 되므로, 평균시속은 앞에서 서술한 식이 된다.

이러한 평균은 모두 x와 y 사이에 존재하는 어느 하나의 수를 선택하는 작업이다. 평균을 구하는 방법에 따라서 선택되는 수는 다르지만, 어쨌든 'x와 y 사이에서 어느 하나의 수가 선택된다'는 점에는 변함이 없다. 이 중 어느 방법이 더 'x와 y를 대표하는 알맞은 하나의 수를 구하는 방법인가' 하는 것은 '데이터를 가지고 무엇을 알고 싶은가'에 따라 결정된다. 그러므로 **용도에 따라서 적당한 방법을 골라 사용하면 된다**.

'덧셈의 의미로 본질을 유지하고자 한다면' **산술평균**을 사용해야 하고, '성장률 등을 다루면서 곱셈의 의미로 본질을 유지하고자 한다면' **기하평균**을 사용해야 한다. 또 '속도를 다룬다면' **조화평균**을 선택해야 한다.

예를 들어, 두 시험의 점수가 10점과 90점일 때의 평균을 구한다고 해보자.

산술평균은 $\dfrac{(10+90)}{2}=50$,

기하평균은 $\sqrt{(10\times 90)}=30$,

제곱평균은 $\sqrt{\dfrac{100+8100}{2}}=64.03$,

조화평균은 $\dfrac{2}{\left(\dfrac{1}{10}+\dfrac{1}{90}\right)}=18$

이 된다(모두가 10과 90 사이의 수다).

만일 위의 두 점수가 당신이 친 두 시험의 결과라고 한다면, 평균점수로 **제곱평균의 값을 선택했을 때** 부모님께 가장 높은 점수를 이야기할 수 있다. 또한 10점이 본인이 받은 점수고, 90점이 친구가 받은 점수라고 한다면, 조화평균값을 선택해야 '본인은 별로 좋지 않은 10점을 받았지만, 평균도 18점이기 때문에 모두들 시험을 못 봤다'고 변명할 수 있다(이런 것은 물론 재미로 하는 얘기다. 통계를 이런 식으로 마음대로 사용해서는 안 된다는 점을 덧붙여 둔다).

➕ 보 | 충 | 설 | 명

지렛대가 균형을 이루는 받침점이 '산술평균'이 되는 이유

본문에서 서술했던 '히스토그램의 평균값은 지렛대가 균형을 이루는 받침점이 된다'는 사실을 간단히 설명해보자. 데이터는 2종류의 숫자 x와 y만 있고, x의 도수는 a개, y의 도수는 b개라고 하자.

이 히스토그램 도표 2-2에서 지렛대의 받침점 m은 지렛대가 균형을 이루는 점을 의미한다.

그러면 '지렛대의 원리'를 떠올려보자. 지렛대의 원리는 '(받침점부터의 거리)×(놓인 물체의 무게)가 양쪽 모두 같을 때, 지렛대가 균형을 이룬다'는 것이다.

여기에서 데이터의 도수를 '무게'라고 생각해보자. 즉, 데이터 x 위에는 a그램, 데이터 y 위에는 b그램의 무게가 나가는 물체가 놓여 있다고 생각해보자. 그러면 데이터 x의 점은 (받침점부터의 거리)×(놓인 물체의 무게)=(m−x)×a이고, 데이터 y의 점은 (받침점부터의 거리)×(놓인 물체의 무게)=(y−m)×b가 된다.

지렛대의 원리로부터 **(m−x)×a=(y−m)×b가 성립하는 m이** 균형을 이루는 받침점이 되는 것이다. 그래서 m을 계산해 보면, $m = \left(\dfrac{a}{a+b}x\right) + \left(\dfrac{b}{a+b}y\right)$가 된다. 이것은 **(x의 상대도수)×x+(y의 상대도수)×y**를 의미하기 때문에 **역시 평균값 그 자체**가 된다.

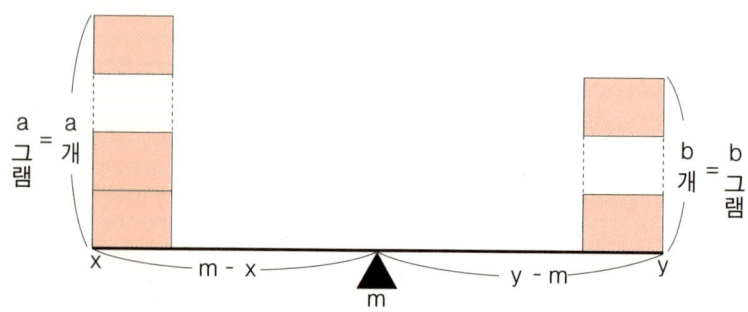

분산과 표준편차

: 흩어져 있는 데이터 상태를 추정하는 통계량

1. 불규칙한 통계량을 아는 것이 중요

앞 강의에서 평균값은 '데이터들이 그 주변에 분포되어 있다'는 것을 기준으로 한다고 설명했다. 예를 들어, '여대생들의 키 평균값이 157cm'라고 한다면, '대략 여대생들의 키는 157cm 전후에 분포되어 있다'고 생각해도 좋다는 의미다.

그러나 이것만으로는 데이터의 상태를 알았다고 할 수 없다. 분명히 여대생들의 키는 157cm 주변에 분포해 있기는 하지만, 대부분의 여대생이 155cm에서 160cm 주변에 있는지, 아니면 130cm인 여대생이나 2m인 여대생이 많이 있는지 평균값으로는 전혀 알 수 없기 때문이다. 즉, **평균값이라는 것은 데이터의 분포 중에서 하나의 수를 꺼낸 것에 불과하며, 데이터가 그 주변에 어느 정도 퍼져 있는지, 또는 흩어져 있는지는 알 수 없다.**

이것이 가장 중요한 의미를 갖는 경우는 **소득의 분포**일 것이다. 한 예로, A나라와 B나라의 국민 평균소득이 똑같이 m달러라고 가정해보자. 이것으로 두 나라 국민은 빈부격차 없이 똑같은 풍요로움을 영위한다고 할 수 있을까? 그렇다고 할 수 없다. 평균소득이 똑같이 m달러라고 해도 대부분의 국민이 약 m달러의 수입을 올리는 나라는 '평등한' 나라지만, 부자 국민과 가난한 국민으로 나뉘는 나라는 '빈부격차가 큰' 나라이기 때문이다.

이와 같이 데이터가 흩어져 있거나 불규칙적인 상태를 아는 것이 매우 중요한데, **버스 운행 상황**을 예로 들어보자. 두 버스가 있는데, 이 중에서 어느 버스를 이용할지 고민하고 있다고 해보자. A버스는 도착시간표보다 2분 늦거나 2분 빨리 오는 버스고, B버스는 10분 늦거나 10분 빨리 오는 버스다. 어느 버스든지 도착시간의 평균값만 봤을 때는 시간표대로(늦지 않고) 운행하는 버스라고 가정할 수 있다.

하지만 이 버스들이 도착하는 시간의 '평균값'만으로 버스를 이용할지 결정할 수 있을까? 분명히 모든 사람들이 바로 버스를 이용하겠다고 결정할 수는 없을 것이다. A버스나 B버스 모두 평균적으로는 시간표대로 운행한다는 것을 알지만 어디까지나 평균적인 것이지, 매번 버스가 어느 정도로 시간표에 맞게 도착하는지를 알아두지 않으면 당연히 버스를 타겠다는 결정을 할 수 없다. 실제로 A버스는 이해할 수 있을 정도로 늦다고 해도, B버스를 탈 경우라면 많은 사람들이 지하철을 타거나 먼 거리가 아니라면 택시를 이용하는 편이 낫겠다고 판단할 것이다.

이 A버스에 대한 '2분'과 B버스에 대한 '10분'이라는 것은 버스가 시간표에 맞지 않게 도착하는 시간들이나 불규칙한 상태를 나타내는 통계량이라고 생각할 수 있다. 버스를 이용할지의 여부를 결정하는 데는 **평균값보다 불규칙한 상태의 통계량을 아는 것이 중요**하다는 점을 이해했을 것이다.

2. 버스 도착시간으로 분산을 이해

도표3-1은 7시 30분에 도착하는 버스가 5일 동안 도착한 시간을 나타내는 데이터(가공)다. 이 5개의 데이터 평균값을 구하면 31이 되기 때문에, 이 버스는 평균적으로 7시 31분에 도착하는 버스라고 판단해도 될 것이다. 그러나 표를 봐도 알 수 있듯이 실제로 버스가 도착한 시간은 평균값 31분의 주변에 흩어져서 분포한다. 이것은 **버스가 도착한 시간이 제각각임**을 의미한다.

그러면 이 '제각각'이 어느 정도일까? 이것을 어떻게 측정하면 좋을까? 우선 효과적인 방법은 5개의 각 데이터에서 평균값을 빼는 일이다. 도표3-2가 이것을 나타내는데, **각 데이터가 평균값으로부터 어느 정도 큰가, 또는 작은가를 나타내고 있다.** 플러스일 때는 큰 것을, 마이너스일 때는 작은 것을 의미한다. 이 수치를 통계학에서는 '**편차(Deviation)**'라고 하는데, 이 편차를 어떻게 보느냐에 따라서 도착시간이 흩어져 있는 상태가 평균값(분포의 대표로 선택한 수치)보다 늦게 오는 경우는 3분, 빨리 오는 경우는 4분임을 알 수 있다(도표3-3 참조).

▶ **도표 3-1** 7시 30분에 도착하는 버스가 5일 동안 도착한 시간

단위(분)

32	27	29	34	33

▶ 도표 3-2 평균값 7시 31분과 비교하면

단위(분)

| +1 | −4 | −2 | +3 | +2 |

▶ 도표 3-3 도착시간의 '편차'

| +1 | −4 | −2 | +3 | +2 |

다음으로 우리들이 원하는 수치는 이 5개의 편차를 **축약하고, 하나의 수로 대표시키는 일**이다. 그러나 단순히 산술평균으로 구하는(더해서 총 개수로 나누는) 방법은 옳지 않다는 것을 바로 알 수 있다.

실제로 계산하면, $\{(+1)+(-4)+(-2)+(+3)+(+2)\} \div 5 = 0 \div 5 = 0$이 된다.

사실 **어떤 데이터든지 그 편차를 만들어서 그 편차들을 산술평균으로 구하면 0이 되는 것**을 증명할 수 있다(이유를 알고 싶은 사람은 본 강의 마지막 부분인 [보충설명]을 참조). 하지만 '반드시 0이 된다'는 사실은 몰라도 이 방법이 옳지 않다는 점은 직감적으로 알 수 있을 것이다. 플러스와 마이너스 수가 있는 상태 그대로 평균을 구하면 플러스와 마이너스가 상쇄되어 산술평균값이 작아질 것이 분명하기 때문이다. 그래서 이것은 우리들이 바라는 통계량으로 적절하지 않다.

왜냐하면 3분 늦게 오든지 3분 빨리 오든지, 모두 버스의 도착시간표와 다르게 도착한다는 것을 나타내는 것인데, 이것들이 서로 상쇄되어 남는 값이 없어지면 의미가 없기 때문이다. 그러면 어떻게 평균을 구하는 것이 바람직할까?

우리에게 필요한 것은 플러스 수와 마이너스 수가 상쇄되지 않게 평균을 구하는 방법이다. 이때는 앞 강의의 컬럼에서 소개한 평균 중에서 **'제곱평균'**을 사용하면 된다. '제곱평균'은 **평균을 구하고 싶은 수치들을 각각 제곱하고 모두 합하여 총 개수로 나눈 뒤에 루트를 하는 방법**으로, 수치들의 최대값과 최소값 사이에 있는 어떤 하나의 수치를 산출할 수 있다. 이렇게 계산한다면 제곱을 함으로써 마이너스 부호가 없어지기 때문에 서로 상쇄되는 일이 없어진다.

그러면 이제 구체적으로 계산해보자. 우선 편차는 제곱을 하고 나서 평균을 구한다.

$$\frac{(+1)^2 + (-4)^2 + (-2)^2 + (+3)^2 + (+2)^2}{5}$$
$$= \frac{(+1)(+1) + (-4)(-4) + (-2)(-2) + (+3)(+3) + (+2)(+2)}{5}$$
$$= \frac{1 + 16 + 4 + 9 + 4}{5} = 6.8$$

우선, 이 단계(아직 루트를 하지 않았기 때문에 제곱평균이 아니다)에서 나온 통계량을 **'분산(Variance)'**이라고 한다. 분산은 데이터가 퍼져 있는 상태를 평가할 수 있는 통계량이며, 수학적으로 상당히 뛰어난 특성을 가진 것으로 알려져 있다.

그러나 이 분산을 그냥 '흩어져 있는 상태 그대로 나타내는 것'에서 멈추면 두 가지 문제점이 생긴다. 첫째는 '흩어져 있는 상태를 나타내는 수치로는 너무 크다'는 점이다. 편차의 수치는 각각 ±4 정도인데 분산은 6.8이기 때문에 값이 상당히 크다는 것을 알 수 있다. 둘째는 '단위가 바뀐다'는 점을 들 수 있다. 원래 데이터는 '분'이 단위였는데 분산에서는 제곱을 했기 때문에 '분²'이라는 단위가 돼버린다.

이 두 가지 문제점은 분산에 루트를 씌어서 '제곱평균'을 구함으로써 해결된다(처음부터 이렇게 계산하지 않고 '분산'이라는 통계량을 설명한 이유는, 앞으로 분산이 추리통계 방법에서 사용되기 때문이다).

분산에 루트를 한 수치는 $\sqrt{6.8}$ =약 2.61이다. 이렇게 되면 편차들의 평균값으로 느낄 수 있고, 또한 단위도 확실히 '분'으로 돌아왔다. 이 통계량을 '**표준편차(Standard Deviation)**'라고 한다. 표준편차 역시 편차의 제곱평균이 되는 통계량이다. 이것은 영어의 약자만을 따서 'S.D.'라고 하기도 한다.

3. 표준편차의 의미

지금까지 버스 도착시간 데이터의 표준편차를 공부했는데, 이것을 다시 정리해보면 다음과 같다.

① 버스는 평균적으로 시간표(7시 30분)보다 1분 늦는 버스다.
② 그러나 이것을 아는 것만으로는 버스가 언제 올지 알 수 없다. 버스는 언제나 1분 늦게 도착하는 것이 아니라 도착시간이 제각각이다.
③ 버스가 도착하는 시간의 불규칙성, 시간표와 맞지 않아서 확실하지 않은 상태를 측정하는 것이 표준편차다. 그래서 구한 값이 약 2.6분

이다.

그러면 이 표준편차=약 2.6은 우리들에게 무엇을 알려주는 걸까? 이것은 '버스는 평균적으로 시간표보다 1분 늦게 도착하지만, 실제 도착 시간은 정해진 시간보다 전후로 대략 2.6분 정도 다를 수 있다고 생각해도 좋다'는 말이 된다. 즉, '평균값'이 데이터의 분포를 대표하는 수치지만, 표준편차는 그 대표값을 기점으로 해서 데이터가 대략 어느 정도 멀리까지 위치해 있는지를 나타내는 통계량이라고 할 수 있다.

이것을 이해하기 위해서 또 한 가지 예를 들어보자. 도표3-4는 (가공의)10점 만점인 시험에서 받은 결과를 모은 데이터다. X데이터와 Y데이터를 비교하면, 그냥 봐서도 Y데이터가 점수 차이가 심한 데이터라는 것을 알 수 있다. 그러면 이것의 표준편차를 구해서 확실히 확인해 보자.

우선, 모든 데이터가 평균값은 5이기 때문에 각 데이터로부터 평균값 5를 빼서 편차를 만든다(도표3-5 참조). 편차를 보면 점수 차이가 심하다는 것을 명확히 알 수 있다.

▶ **도표 3-4** 두 점수의 데이터와 평균값

X데이터	4	4	5	6	6	평균값=5
Y데이터	1	2	6	7	9	평균값=5

▶ **도표 3-5** 두 점수의 데이터 편차

X데이터	−1	−1	0	+1	+1
Y데이터	−4	−3	+1	+2	+4

분명히 Y데이터의 편차가 크다(편차의 합이 둘 다 0이 되는 것을 확인해둔다). 그러면 이제 제곱평균으로 표준편차를 구함으로써 이것을 완전히 이해할 수 있게 된다.

$$X데이터의 표준편차 = \sqrt{\frac{(-1)^2 + (-1)^2 + (0)^2 + (+1)^2 + (+1)^2}{5}} = 약\ 0.89$$

$$Y데이터의 표준편차 = \sqrt{\frac{(-4)^2 + (-3)^2 + (+1)^2 + (+2)^2 + (+4)^2}{5}} = 약\ 3.03$$

분명히 Y데이터의 표준편차가 큰 수가 되었다.

또한 표준편차의 각각의 수를 봐도 알 수 있을 것이다. X데이터의 표준편차는 0.9 정도지만, 실제로 도표3-5로 돌아가면 X데이터의 데이터 편차는 ±1 정도로 평균값 주변에 흩어져 있다. 전부가 1씩 흩어져 있다면 표준편차는 1이 되지만, 0이 하나 있기 때문에 그만큼 표준편차는 1보다 조금 작은 값이 되는 것이다.

또한 Y데이터의 표준편차는 대략 3이지만, 편차를 보면 1, 2, 3으로 흩어져 있는 것이 하나씩이고 4로 흩어져 있는 것이 2개이기 때문에 대략 3 정도로 흩어져 있다고 생각할 수 있는 것이다.

4. 도수분포표로 표준편차를 구하는 방법

이 입문편에서는 필요하지 않지만, 이 책 뒷부분을 공부할 때 필요하기 때문에 **도수분포표로 표준편차를 구하는 방법**을 설명한다.

우선, (계급값×상대도수)의 합계로 평균값을 계산하는 것을 다시 떠올려보기 바란다(제2강의 3항 참조). 이렇게 도수분포표로 계산한 평균값을 계급값에서 빼면 '계급값의 편차'를 구할 수 있다.

계급값의 편차들을 각각 제곱해 상대도수와 곱한 값들을 모두 더하면 '계급값 편차 제곱의 산술평균'을 구할 수 있는데, 이것이 '분산'에 해당한다. 마지막으로 이것에 루트를 씌우면 '표준편차'가 된다. 즉,

$\{(계급값 - 평균값)^2 \times (상대도수)\}$의 합계 = 분산

$\sqrt{분산}$ = 표준편차

가 된다. 도표3-6의 예를 보고 감각을 익히기 바란다.

> **도표 3-6** 도수분포표로부터 표준편차를 계산

A(계급값)	B(상대도수)	A×B
1	0.3	0.3
2	0.5	1.0
3	0.1	0.3
4	0.1	0.4

평균값=2.0

A(계급값)	C(계급값-평균값)	C^2	B(상대도수)	$C^2 \times B$
1	-1	1	0.3	0.3
2	0	0	0.5	0
3	+1	1	0.1	0.1
4	+2	4	0.1	0.4

분산=0.8
표준편차=$\sqrt{0.8}$=약 0.89

제3강의 | 정리

표준편차에서

평균값 계산
(데이터 총합)÷(데이터 총 개수)

편차 계산
편차=(데이터 수치)−(평균값)

분산 계산
분산={(편차 제곱)의 총합}÷(데이터 총 개수)

표준편차 계산
표준편차=$\sqrt{분산}$ =편차의 제곱평균

도수분포표를 이용해 계산하는 분산과 표준편차
분산={(계급값−평균값)^2×(상대도수)}의 합계
표준편차=$\sqrt{분산}$

표준편차의 의미
평균값은 분포하고 있는 데이터 중에서 대표적인 수로 꺼낸 것이다. 그래서 데이터는 평균값을 기점으로 해서 그 앞뒤에 널리 퍼져 있다고 생각해도 좋다. 그러나 어느 정도 퍼져 있거나 흩어져 있는지는 평균값으로 알 수가 없다. 퍼져 있거나 흩어져 있는 정도를 평가하는 것이 표준편차다. 표준편차는 데이터들의 평균값에서 떨어져 있는 것을 평균화하는 것이다. 이때 멀리 떨어져 있든지 가까운 곳에 있든지, 모두 양수로 평가하여 상쇄되지 않도록 해서 평균을 구한다.

연습문제

다음에 나타낸 데이터의 표준편차를 다음의 순서대로 계산하시오.

1 단계 우선 평균을 계산하시오.

데이터	6	4	6	6	6	3	7	2	2	8	평균값

2 단계 편차를 계산하시오.

편차										

3 단계 편차의 제곱과 그 평균(=분산)을 계산하시오.

편차의 제곱											평균값

4 단계 표준편차를 계산하시오.

표준편차=(편차의 제곱평균)의 제곱근($\sqrt{}$)=

* 해답은 233쪽

보충설명

편차의 평균이 반드시 0이 되는 것을 증명

(편차의 평균)
=(편차의 총합)÷(데이터 총 개수)
=[{(데이터)-(평균값)}의 총합]÷(데이터 총 개수)
={(데이터)의 총합-(평균값)×(데이터 총 개수)}÷(데이터 총 개수)
={(데이터)의 총합÷(데이터 총 개수)}-{(평균값)×(데이터 총 개수)÷(데이터 총 개수)}

=(평균값)-(평균값)
=0

혹은 '지렛대의 균형'을 사용해서 다음과 같이 이해해도 좋다. 각 데이터에서 평균값을 빼는 것은 히스토그램에서 평균값만큼 그래프 왼쪽으로(마이너스 방향으로) 평행 이동하는 것이다. 이때 각 데이터가 이동하는 곳은 편차의 위치가 된다. 또한 평행 이동을 한 것뿐이어서 새롭게 균형이 잡히는 지점은 당연히 원래 평균값이 이동한 곳이 된다.

이것은 (평균값)-(평균값)=0이다.

지렛대가 균형을 이루는 지점은 히스토그램에서 평균값이기 때문에 이것은 편차(데이터가 이동한 곳)의 평균값이 0(원래 평균값이 이동한 곳)임을 의미한다.

04 강의 표준편차①

: 데이터의 특수성을 평가

1. 표준편차는 '파도의 거칠기'

앞 강의에서는 표준편차를 공부했다. 그런데 대부분의 독자들이 한 번 읽는 것으로는 강의 내용을 잘 이해하기 어려울 것 같아 여기에서 조금 더 구체적으로 설명을 덧붙인다.

나는 학생들에게 표준편차를 가르칠 때 언제나 '바다에서 서핑을 할 때의 마음이 되라'고 말한다. 서핑을 할 때 바다의 수위도 중요하지만 가장 중요한 것은, 다들 알겠지만 **어느 정도의 파도가 치느냐**다(나는 전혀 서핑과는 인연이 없지만, 서핑을 즐기는 사람들에게 들었기 때문에 틀림없다).

여기에서 '바다의 수위'는 '평균값'에 해당한다. 파도가 잔잔하게 쳐서 수위가 어느 정도 일정한 높이를 유지한다면 그것이 평균값이 된다. 이에 비해 **파도가 거칠게 쳐서 수위의 차가 커지는 것은 '표준편차'**에 해당한다고 할 수 있다. 평균 수위에 비해 위아래로 대략 50cm 높이로 파도가 칠 때와 1m 높이로 파도가 칠 때 서핑을 한다면 **전혀 다른 바다**라고 느끼게 될 것이다. 그래서 서핑을 할 때 바다의 상황에 대해서 알고

▶ 도표 4-1 표준편차를 서핑에 비유하면…

'바다의 수위'는 '평균값'

파도가 얼마나 거칠게 치느냐는 '표준편차'

싶은 것은 파도의 표준편차가 되는 것이다. 버스의 예에서는 표준편차가 작은 버스를 선호했지만(그 만큼 기다리는 시간이 적을 테니까), 서핑의 경우는 반대로 표준편차가 큰 바다를 선호할 것이다.

2. 표준편차로 데이터의 '특수성'을 평가

표준편차를 알면 데이터의 무엇을 알 수 있을까? 표준편차를 알면 두 가지를 알 수 있다. 첫째, **'한 데이터 세트 중에 있는 어떤 데이터 하나의 수가 갖는 의미'**를 알 수 있다. 둘째, **'여러 데이터 세트들을 서로 비교해서 나타나는 차이'**를 알 수 있다. 그렇다면 이제 이 말들이 무엇을 뜻하는지 알아보도록 하자.

당신이 본 시험 결과는 75점으로, 평균점수인 60점보다 15점 높다고 하자. 이때 당신이 느끼는 기쁨은 어느 정도일까? 평균점수보다 높은 점수를 받았기 때문에 물론 기분이 좋을 것이다. 그러나 문제는 '어느 정도 기분이 좋겠는가' 하는 것이다. 이때 당신이 알아야 하는 것은 '표준편차가 몇 점인가' 하는 것이다.

표준편차가 12점이라고 해보자. 그러면 당신이 받은 점수는 평균점수에서 '대략 표준편차만큼 더 높은 점수'라는 것을 알 수 있다. 표준편차는 '평균값에서 떨어진 수만큼을 평균화한 값'이라는 것을 생각해보기 바란다. 그러면 당신의 점수는 평균점수보다 잘한 쪽(평균보다 높은 쪽)에서 '보통'으로 떨어져 있는 점수, 즉 **일반적으로 떨어져 있는 정도**가 된다. 이 말은 이 정도의 점수를 받은 사람이 많다는 뜻이기 때문에 **뛸 듯이 기쁘지는 않다**는 말이 된다.

반대로 표준편차가 8점이라고 해보자. 이때 당신은 아까보다 훨씬 기분이 좋을 것이다. 평균점수에서 떨어진 정도(를 전체로 평균화한 것)가 8점인데, **당신은 평균점수에서 표준편차의 2배 정도나 멀리 떨어져 있기 때문**이다.

> 도표 4-2 '표준편차가 몇 점인가'가 중요

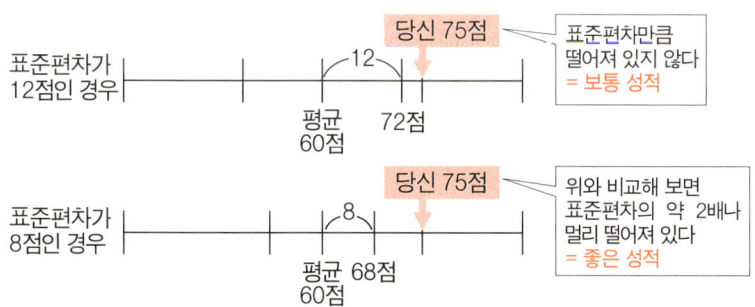

04 강의

이 예를 통해서 알 수 있듯이, 한 데이터 세트 중에 있는 어떤 하나의 데이터가 가진 특수성은 **평균에서 떨어진 정도**(이것을 '편차'라고 부른다고 앞에서 설명했다)를 나타내는 수치만으로는 계측할 수 없고, **표준편차를 기준으로 가정해야만 알 수 있다**. 이 예로 설명하자면, 평균점수에서 표준편차만큼 높은 정도의 경우는 그렇게 특수하다고 할 수 없지만, 표준편차의 2배 정도 높으면 어느 정도 특수하다고 할 수 있다. 그래서 **'편차를 표준편차로 계산해서 얼마만큼'**이라고 나타내는 변환이 중요해지는 것이다. 즉, 이것은 **{(데이터)-(평균값)}÷(표준편차)**라는 계산을 기준으로 데이터를 평가하는 것이다.

다음과 같은 대략적인 기준이 통계학의 상식으로 받아들여지고 있다.

데이터 특수성의 평가기준

데이터 세트 중에 있는 어느 한 데이터의 편차가 표준편차로 계산해서 ±1배 전후라면 이것은 '평범한 데이터'라고 할 수 있으며, ±2배로 멀리 있는 데이터일 경우는 '특수한 데이터'라고 할 수 있다.

참고로, '특수'하다는 말이 어느 정도를 뜻하는 것인가는 확인이 필요하다. 데이터 전체의 성질이 좋다고 한다면, 다시 말해 '**정규분포에 가깝다**'고 한다면(이 정규분포에 대해서는 뒤에 이어지는 강의에서 자세히 설명한다), **평균값에서 표준편차 ±1배의 범위 내에 약 70%의 데이터가 들어간다**고 생각하면 된다. 또한 **표준편차 ±2배보다 멀리 떨어진 데이터는 좌우 양쪽을 합쳐서 5%**밖에 없다고 생각하면 대략 맞다(90쪽에서 다시 설명한다).

당신의 데이터가 평균값보다 큰 쪽으로 표준편차 2배 이상 떨어져 있다면, 그것은 **전체의 2.5% 범위 내에 드는 데이터**라는 것을 의미하기 때문에(좋은 의미인지 나쁜 의미인지는 때와 장소, 상황에 따라 다르지만) 상당히 '**특수한 경우**'에 있다고 해도 좋을 것이다.

▶ 도표 4-3 데이터의 특수성 평가기준

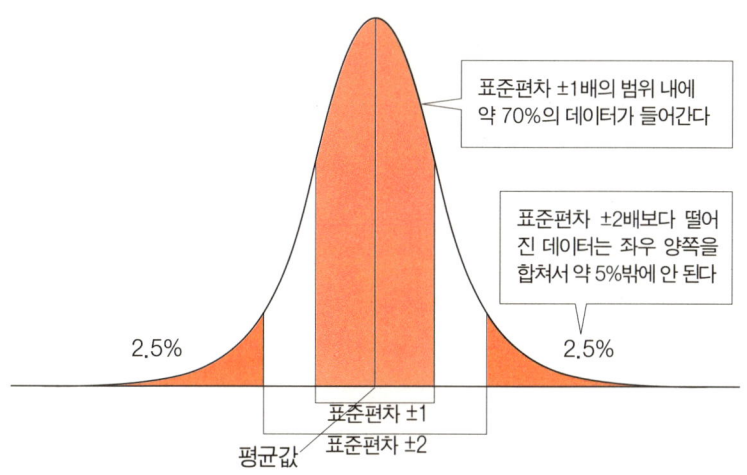

3. 여러 데이터 세트를 비교할 때의 표준편차

다음으로 '여러 데이터 세트를 비교할 경우'에 표준편차를 사용하는 방법을 알아보자.

예를 들어, X군은 10번 모의시험을 본 평균점수가 60점이고, 표준편

04 강의

차가 10점이라고 하자. 그리고 Y군은 X군과 같은 모의시험을 10번 본 평균점수가 50점이고, 표준편차가 30점이라고 하자. 이것으로 무엇을 읽어 낼 수 있을까?

평균점수만 보면 X군이 Y군보다 공부를 잘하는 학생이지만, 이것만으로는 이 두 사람이 진짜 시험을 쳤을 때 얻을 점수를 예측할 수 없다. 실제로 X군의 평균점수는 60점, 표준편차는 10점이기 때문에 **X군은 표준편차 ±1배 정도의 폭, 대략 50~70점 범위의 점수를 맞는 학생**이라고 판단할 수 있다. 이에 비해 Y군은 평균점수가 50점, 표준편차가 30점이기 때문에 대략 20~80점 범위의 점수를 맞는 학생이라고 볼 수 있다. 다시 말해, X군은 '안정된 점수를 맞는' 학생이고, Y군은 시험을 볼 때마다 '점수 차가 큰' 학생이라고 할 수 있다.

이것으로써 두 사람을 '공부를 잘하는 것'만으로 평가할 수 없는 면이 있다는 것을 알 수 있다. X군은 50점을 맞으면 들어갈 수 있는 학교에는 합격하겠지만, 80점을 맞아야 들어갈 수 있는 학교에는 상당히 들어가기 힘들 것이다. 반면, Y군은 40점이라면 들어갈 수 있는 학교에도 떨어질 가능성이 있지만, 80점을 맞아야 들어갈 수 있는 학교에도 합격할 수 있다.

이렇게 표준편차를 추가해서 생각한다면, X군과 Y군의 성적은 '공부를 잘하는 것'이라는 서열적인 평가가 아니라 '성질이 다른 것'으로 평가할 수 있다는 사실을 알 수 있다.

> **도표 4-4** 여러 데이터 세트를 비교해서 무엇을 알 수 있는가?

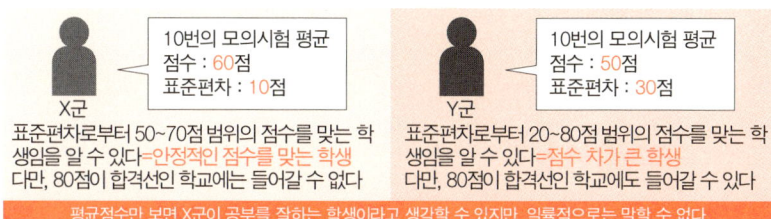

평균점수만 보면 X군이 공부를 잘하는 학생이라고 생각할 수 있지만, 일률적으로는 말할 수 없다.

4. 가공된 데이터의 평균값과 표준편차

여기에서 한 데이터 세트에 간단한 가공을 했을 때 평균값이나 표준편차가 어떻게 변하는가 하는, 조금은 수학적인 문제를 설명해보겠다. 이것은 바로 사용하지는 않지만 제7강의부터 중요해지니 잘 기억해두기 바란다.

우선, 한 데이터 세트에 같은 수를 더하면 평균값이나 표준편차가 어떻게 되는지 알아보자. 예를 들어, 5개의 데이터 1·3·4·5·7을 사용하면서 이것을 X데이터라고 하자.

도표4-5는 X데이터에 있는 각 수에 4를 더하는 가공을 하여 Y데이터를 만든 것이다. 도표에서 보는 바와 같이 X에 비해 Y는 평균값이 4만큼 커진다. 이것은 모든 데이터가 4만큼 증가했기 때문에 당연한 것

▶ **도표 4-5** 데이터에 일정한 수를 더하는 가공을 한다

X데이터 $1 \cdot 3 \cdot 4 \cdot 5 \cdot 7$ —— 각 수에 4를 더한다 ——▶ $5 \cdot 7 \cdot 8 \cdot 9 \cdot 11$ Y데이터

X의 평균값 $\dfrac{1+3+4+5+7}{5}=4$ ——▶ $\dfrac{5+7+8+9+11}{5}=8$ Y의 평균값(4만큼 커진다)

X의 편차 $-3 \cdot -1 \cdot 0 \cdot +1 \cdot +3$ ——▶ $-3 \cdot -1 \cdot 0 \cdot +1 \cdot +3$ Y의 편차(같다)

X의 분산 $\dfrac{(-3)^2+(-1)^2+0^2+(+1)^2+(+3)^2}{5}=4$ ——▶ $\dfrac{(-3)^2+(-1)^2+0^2+(+1)^2+(+3)^2}{5}=4$ Y의 분산(같다)

X의 표준편차 $\sqrt{4}=2$ ——▶ $\sqrt{4}=2$ Y의 표준편차(같다)

이다(히스토그램이 오른쪽으로 4만큼 이동했기 때문에 지렛대가 균형을 이루는 지점도 이와 같이 이동한다고 이해하면 된다). 그러면 편차가 완전히 같아진다는 것은 쉽게 이해할 수 있을 것이다. 각 수가 4만큼 커지고, 평균값도 4만큼 커지기 때문에 (데이터)-(평균값)은 원래의 수와 같아진다. 이것으로 다음의 법칙을 알 수 있다.

데이터에 일정한 수를 더하는 가공의 효과

X데이터의 모든 수에 일정한 수 **a**를 더해서 새로운 Y데이터를 만들면, Y데이터의 평균값은 X데이터의 평균값에 **a**를 더한 것이 되며, Y데이터의 분산과 표준편차는 원래의 X데이터 수와 같다.

그러면 다음으로 X데이터의 각 수를 2배하면 어떻게 되는지 알아보자.

> **도표 4-6** 데이터에 일정한 수를 곱하는 가공을 한다

X데이터 1・3・4・5・7 $\xrightarrow{\text{각각에 2배를 한다}}$ 2・6・8・10・14 Y데이터

X의 평균값 $\dfrac{1+3+4+5+7}{5}=4$ ⟶ $\dfrac{2+6+8+10+14}{5}=8$ Y의 평균값(2배가 된다)

X의 편차 -3・-1・0・+1・+3 ⟶ -6・-2・0・2・6 Y의 편차(2배가 된다)

X의 분산   Y의 분산(4배가 된다)

$\dfrac{(-3)^2+(-1)^2+0^2+(+1)^2+(+3)^2}{5}=4$ ⟶ $\dfrac{(-4)^2+(-2)^2+0^2+(+2)^2+(+6)^2}{5}=16$

X의 표준편차 $\sqrt{4}=?$ ⟶ $\sqrt{10}=4$ Y의 표준편차(2배가 된다)

도표4-6과 같이 평균값은 2배가 되고, 이에 따라서 편차도 2배가 된다. 이것으로 분산은 2의 제곱배로 4배가 된다는 것을 알 수 있다(편차를 제곱해서 평균을 구하기 때문이다). 그래서 표준편차는(루트를 씌우는 효과에 의해서) 2배가 된다. 이것을 정리해보면 다음과 같다.

데이터에 일정한 수를 곱하는 가공의 효과

X데이터의 모든 수에 일정한 수 k를 곱해서 새로운 Y데이터를 만들면, Y데이터의 평균값은 X의 평균값에 k를 곱한 것이 되고, Y데이터의 분산은 k의 제곱배, 표준편차는 k배가 된다.

이 2가지 법칙의 응용으로, 이번 강의의 2항에서 다룬 표준편차 '몇 배'라고 데이터를 보는 것, 즉 **{(데이터)-(평균값)}÷(표준편차)** 라는 데이터의 가공에서 평균값이나 표준편차가 어떻게 되는가를 살펴보도

록 하자.

우선, (데이터)−(평균값)이라는 것은 각 데이터의 수에서 평균값을 뺀 것이기 때문에 그 평균값은 (평균값−평균값으로)0이 되며, 표준편차도 같다(제3강의 보충설명).

다음으로 각 데이터의 수를 표준편차로 나눈다는 것은 표준편차의 역수($\frac{1}{표준편차}$)을 곱하기 때문에 가공된 데이터의 표준편차는 (원 데이터의 표준편차)×(원 데이터 표준편차의 역수)=1이 된다. 이것을 정리하면 다음과 같은 중요한 법칙을 얻을 수 있다.

표준편차의 몇 배가 되도록 데이터를 가공하는 효과

데이터를 {(데이터)−(평균값)}÷(표준편차)로 가공하면, 이 데이터로 구한 평균값은 0이고, 표준편차는 1이 된다.

제4강의 정리

① 데이터의 특수성을 판단하는 데는 표준편차를 기준으로 한다.
② 평균에서 표준편차 1배 정도로 떨어져 있는 데이터는 평범한 데이터라고 할 수 있다. 또한 평균에서 표준편차 2배 이상으로 떨어져 있는 데이터는 **특수한 데이터**라고 할 수 있다.
③ **표준편차의 얼마만큼** 이라는 것을 알기 위해서는
  {(데이터)−(평균값)}÷(표준편차)
  를 계산하면 된다.
④-1 X데이터의 모든 데이터 수에 **일정한 수 a를 더해서** 새로운 Y데이터를 만들면, Y데이터의 평균값은 X데이터의 평균값에 a를 더한 것만큼이 되고, Y데이터의 분산과 표준편차는 원래의 X데이터와 같다.

> ④-2 X데이터의 모든 데이터 수에 **일정한 수 k를 곱해서** 새로운 Y데이터를 만들면, Y데이터의 평균값은 X데이터의 평균값에 k를 곱한 것이 되고, Y데이터의 분산은 k의 제곱배, 표준편차는 k배가 된다.
> ⑤ 데이터를 {(데이터)-(평균값)}÷(표준편차)로 가공하면, 이 데이터로 구한 **평균값은 0이고, 표준편차는 1**이 된다.

✚ 연 습 문 제

괄호 안을 채우고, 올바른 것에 ○를 치시오.
성인 여성의 키 평균값을 160cm, 표준편차를 10cm라고 할 때,

① 키가 150cm의 여성은 표준편차로 계산해서 (   )배 정도 평균값보다 낮다.
 이것은 데이터로 봤을 때 특수하다고 (말할 수 있다, 말할 수 없다).

② 키가 185cm의 여성은 표준편차로 계산해서 (   )배 정도 평균값보다 높다.
 이것은 데이터로 봤을 때 특수하다고 (말할 수 있다, 말할 수 없다).

* 해답은 233쪽

05 강의 표준편차②

: 주식리스크의 지표(주가변동성)로 활용

1. 주식의 평균수익이란?

현대는 컴퓨터의 보급과 인터넷의 활성화로 IT사회가 되었다. 그리고 인터넷 등을 이용한 개인투자가들의 주식거래가 주목을 받고 있다. 지금은 기관투자가가 아닌 많은 개인들이 컴퓨터나 휴대전화로 데이트레이드라고 불리는 주식거래에 열을 올리고 있다.

그런데 **주식거래에서 이익을 남기기 위해서는 어떻게 해야 할까?** 여기에는 대략 2가지 방법이 있다. 첫째, **배당을 받고 이것을 수익으로 하는 것**이다. 주식은 한마디로 말하자면 '회사의 소유권'이다. 주식의 소유자는 해당 기업으로부터 이윤의 일부를 배당이라는 형태로 주식 보유율에 맞게 매년 받을 수 있다. 이것을 저축의 이자에 해당한다고 생각하면 이해하기 쉬우며, 이렇게 배당으로 얻는 이익을 **인컴 게인(Income Gain)**이라고 한다.

배당이라는 형식 말고도 수익을 남기는 방법이 있다. 주식은 주식시장에서 매 시각 매매가 이루어진다. 그래서 어떤 주식을 '쌀 때 사서 **비쌀 때 팔아 그 차액을 수익으로 남기는 것**'이 가능하다. 즉, 해당 기업 주식의 가격변동을 이용해서 수익을 남기는 것이다. 이런 수익을 **캐피탈 게인(Capital Gain)**이라고 한다.

이 캐피탈 게인을 목적으로 거래할 경우에 중요해지는 것이 주식의 '**평균수익률**'이라는 지표다. 여기에서는 특히 월별 평균수익률을 다루도록 하겠다.

월평균수익률이라는 것은 어느 회사의 주식이 1개월 동안에 몇 % 상승했는가(하락의 경우는 **마이너스 상승**이라고 간주한다)를 연 12개월에 걸친 데이터를 수집해 평균을 구한 것이다.

예를 들어, '월평균수익률 10%'라고 한다면, 이 회사의 주식이 평균적으로 1개월에 10% 상승했다는 것을 의미한다. 즉, '이 주식을 100만 원어치 구입해 1개월 동안 보유한 뒤 매각하면, 평균적으로 상승한 % 만큼인 10만 원을 수익으로 남길 수 있다'는 의미다.

▶ 도표 5-1 100만 원어치 주식으로 10만 원 수익남기기

어느 회사의 주식이 1개월 동안에 몇 % 상승했는가(하락할 경우는 마이너스 상승을 했다고 간주한다)를 12개월에 걸친 데이터를 수집해 평균을 구한 것
= 월평균수익률

월평균수익률 : 10%
= 평균적으로 1개월에 10% 상승

⬇

이 주식을 100만 원어치 구입

⬇

1개월 동안 보유한 뒤 매각

⬇

110만 원에 매각
(평균적으로 상승한 % 만큼인)
10만 원이 수익으로 남았다!

2. 평균수익률만으로는 우량기업인지 판단할 수 없다

한 기업 주식의 월평균수익률을 가지고 살펴보자.

> 도표 5-2 주식의 월평균수익률

연도	1980	1981	1982	1983	1984	평균
월평균수익률	2.05	2.46	−1.33	2.04	−0.54	0.94

도표5-2는 1980년대 어느 한 기업의 주식 월평균수익률이다.

1981년을 보면, 월평균수익률은 대략 2.5%다. 이것만을 보면, 그 해의 주식거래에서는 상당히 이익을 남겼을 것으로 보인다. 한 달 사이에 수익률이 2.5%라는 것은 한 해로 환산하면 12를 곱해서 30%가 넘기 때문이다(매월 100만 원씩 투자. 단리에 해당). 연간 수익률이 30%가 되는 예금(100만 원을 저축하면 1년 뒤에 30만 원의 이자가 붙어서 130만 원이 되는 예금)은 세상에 없기 때문에 이것이 얼마나 괜찮은 투자였는지를 알 수 있을 것이다.

그러나 이런 사실만을 가지고 투자하면 안 된다. 한 가지 간과하지 말아야 할 것은, 이것은 **어디까지나 '평균'값**이라는 점이다. 수익의 평균값이 2.5%라고 해도 매월 2.5%씩 수익을 올릴 수 있는 것은 아니다. 실제로 올릴 수 있는 수익은 그 값을 기점으로 해서 그 앞뒤에 해당하는 값이다. 실제의 월별수익률을 표로 나타낸 것이 도표5-3이다.

표준편차② : 주식리스크의 지표(주가변동성)로 활용

> 도표 5-3 주식의 월별수익률

	1980	1981	1982	1983	1984
1월	9.2	2.8	−0.6	−2.8	0
2월	2.3	−1.4	−11.8	9.3	−5.7
3월	−6.5	17.6	3.5	11.4	10.6
4월	9	17.8	1.9	3	−0.6
5월	5.3	5.5	−5.5	−7.5	−11.2
6월	−4.3	−1.9	−9.1	2.5	−3.8
7월	−3.7	1.9	−5.7	−0.6	−5.2
8월	7	9	2.3	1.8	6.2
9월	7.6	−10.3	−4.9	5.1	−4.2
10월	1.4	−10.3	−0.8	−2.3	2.1
11월	−3.4	−7.7	8	−6	0.6
12월	0.7	6.5	6.7	10.6	4.7

1981년의 데이터를 보면 알 수 있듯이 실제의 월별수익률은 다양하다. 오히려 평균값 2.5%에 근접하는 숫자는 1월 밖에 없다. 이럴 때, **데이터의 실제 상황을 조금 더 자세히 파악할 수 있는 통계량, 그것이 표준편차**라는 점을 기억해주기 바란다.

도표5-4는 각 연도의 월별수익률 표준편차를 나타낸 것이다. 이것을 보면 알 수 있듯이 어떤 해든지 월별수익률의 평균에 비해 표준편차가 아주 크다.

예를 들어, 1981년은 월평균수익률이 약 2.5%인데 비해 표준편차는 9%를 넘는다.

앞 강의에서 '표준편차 1배 정도 전후로 데이터가 나타나는 것은 평범하게 일어나는 것'이라고 설명했다. 이것을 적용하면, 1981년 월별수익률은 2.5±9.0%의 범위, 즉 (+11.5)~(−6.5) 범위의 수익률은 보통으로 관측된다고 생각해야 한다. 조금 더 구체적으로 말한다면, '월평균 2.5%의 수익을 올리는 주식을 살 때, **6.5%의 손실을 볼 수 있다는 점을 각오해야 한다**'는 말이다.

▶ 도표 5-4 월평균수익률의 표준편차

연도	1980	1981	1982	1983	1984	평균
월평균수익률	2.05	2.46	−1.33	2.04	−0.54	0.94
표준편차	5.35	9.11	5.91	5.98	5.71	6.74

1981년의 경우………평균 약 2.5%의 수익을 올리는 주식=괜찮은 주식?
→ 다만 −6.5%의 손실을 볼 수도 있다

3. 주가변동성이 의미하는 것

도표5-5는 1981년의 월별수익률을 막대그래프로 나타낸 것이다. 파란 선은 평균값을 나타내는 것으로, 당연히 그곳을 기점으로 해서 위와 아래로 물결치고 있다(서평의 예를 떠올려보기 바란다). 각기 다른 파도의 높이를 일반적으로 본 폭이 표준편차다. 그래프에서 평균값으로부터 아래로 표준

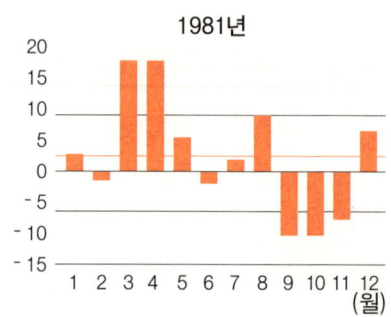

▶ 도표 5-5 월별수익률 변동

편차만큼 내려간 곳과 위로 올라간 곳에 선을 그어보면 대부분의 막대기가 그 범위 안에 있는 것을 볼 수 있다.

물론, 이 선보다 더 아래로 내려가 있거나 위로 올라가 있는 막대기도 있지만, 대략 이 2개의 선을 그으면, 주식변동률의 변동을 대체적으로 파악할 수 있음을 알 수 있을 것이다.

이렇게 주식거래에서는 **수익률의 평균값만이 아니라 그 표준편차도 중요하다**. 그렇기 때문에 이 표준편차를 뜻하는 특별한 전문용어가 있는데, 그것을 **주가변동성(Volatility)** 이라고 한다. 즉, **평균값에서 어느 정도의 폭으로 변동이 생기는가를 의미하는 말**이다.

그래서 주식 수익률의 표준편차=주가변동성은 주식거래 리스크의 지표라고 생각할 수 있다. 왜냐하면, 수익으로 그 평균값을 예상해도 그 값에서부터 주가변동성만큼 떨어지는 경우도 충분히 염두에 두어야 하기 때문이다. **주가변동성은 바로 위험성을 나타내는 지표**다.

이 설명을 듣고서 꼼꼼한 독자이라면 다음과 같은 점을 눈치 챘을지도 모르겠다. 주가변동성이 9% 정도 평균값에서 떨어질 가능성이 있다는 말을 뒤집어보면, 9%만큼 올라갈 경우도 있다는 말이다. 정말 이 말 그대로다. **리스크를 나타내는 지표**로 주가변동성을 사용하지만, 이것은 동시에 **기회를 나타내는 지표**이기도 하다.

앞 강의에서 설명한 또 한 가지의 관점을 사용하면 주가변동성은 다음과 같이 긍정적인 기준으로 사용할 수 있다. '**주가변동성이 9%라면 평균값에서 (표준편차×2=)18% 이상 떨어지는 일은(물론 올라가는 일도) 거의 없을 것이라고 생각해도 된다**'는 의미다.

이와 같이 표준편차는 주식거래라는 실무의 세계에서도 상당히 중요한 지표다. 결코 필요 없는 지식이 아니다.

> **제5강의 | 정리**
>
> ① 주식거래의 지표는 수익률의 평균값뿐만 아니라 표준편차도 중요하다.
> ② 주식에 투자할 때는 수익률의 평균값이 표준편차 1배 정도 떨어진 수익률이 될 경우도 각오해 두는 것이 좋다.
> ③ 주식에 투자할 때는 수익률의 평균값이 표준편차 2배 정도 떨어진 수익률이 될 경우는 거의 없을 것이라고 생각해도 된다.
> ④ 주식 수익률의 표준편차를 전문용어로 주가변동성이라고 한다.

✚ 연 습 문 제

1983년 한 기업의 주식에 투자했을 때 월평균수익률은 약 2%, 표준편차는 6%였다.

① 이 해 투자는 월평균으로 투자액의 2%를 기대할 수 있지만, 전후로 표준편차 1배 정도의 변동은 평균적으로 일어난다고 생각해야 한다.
다시 말해, 2%-( )%~2%+( )(으)로 계산하고,
( )%~( )%의 변동 폭으로 달라질 것이라는 생각을 미리 해둘 필요가 있다.

② 일반적으로는 표준편차의 2배 정도 오르거나 떨어질 경우는 별로 생각하지 않아도 된다.
즉, 월간 수익률이 2%+( )×2=( )%가 되거나, 2%-( )×2=( )%가 되는 경우는 드물다고 생각해도 좋다.

③ 주식 A는 월평균수익률이 7%고, 표준편차는 12%다. 주식 B는 월 평균수익률이

4%고, 표준편차는 3%다. 이때 주식 A를 사서 1개월 가지고 있을 때의 수익률은 (　　)%~(　　)%라고 예상할 수 있으며, 주식 B를 사서 1개월간 가지고 있을 때의 수익률은 (　　) %~(　　)%라고 예상할 수 있다.

그래서 원금손실을 바라지 않는 투자자는 주식 (　　)를 구입해야 하며, 이 경우 좋은 성적을 거둘 때의 수익은 반드시 (　　) % 정도라고 생각해야 한다. 반대로 원금손실을 두려워하지 않는 투자자는 주식 (　　)를 구입해야 하며, 이 경우 운이 좋을 경우 (　　)% 정도의 수익은 충분히 얻을 수 있을 것이라고 예상된다.

* 해답은 233쪽

06 강의 표준편차③

: 하이 리스크와 하이 리턴, 샤프지수도 이해

1. 하이 리스크와 하이 리턴, 로우 리스크와 로우 리턴

앞 강의에서는 **주식 수익률의 표준편차는 주가변동성이라고 하며, 주식거래의 '리스크'를 나타내는 것**이라고 설명했다. 이것은 수익률의 표준편차가 큰 주식은 평균에서 표준편차 1배 정도 수익률이 낮아지는 것이 일반적인 현상이기 때문에 이것을 '위험성(리스크)'이라고 인식해야 한다는 것이었다.

궁금한 점은 '다양한 자산운용 방법들은 어느 정도의 수익률과 어느 정도의 주가변동성을 보이는가' 하는 것이다. 도표6-1은 한 연구소에서 조사한 1988년~1995년 사이의 미국 뮤추얼펀드 자산운용 실적이다. 맨 아랫줄과 그 윗줄에는 평균수익률과 표준편차가 표기되어 있다(연도별 데이터). 이 두 줄을 살펴보면 알겠지만, '**평균수익률이 높은 운용은 표준편차도 크다.**'

이것은 도표6-2와 같이 가로축에 표준편차를 놓고, 세로축에 평균수익률을 놓은 뒤, 4개의 실적을 4개의 점으로 찍어 보면 더 명확히 알 수 있다. 4개의 점은 대략 하나의 직선 위에 있고, 그 직선은 오른쪽으로

> 도표 6-1 어느 자산운용 실적

	주식펀드 (상품 A)	채권펀드 (상품 B)	MMMF (상품 C)	1년 정기예금 (상품 D)
1988년	13.2	7.7	7.3	7.4
1989년	20.9	9.5	9	8.2
1990년	−6.9	3.7	8.1	7.9
1991년	35.6	17.2	5.9	7.1
1992년	8.9	7.9	3.3	4.2
1993년	12.5	10.3	2.6	3.3
1994년	−1.7	−3.7	3.8	3
1995년	31.1	15.6	5.4	4.9
리스크=표준편차	14.7	6.6	2.3	2.1
리턴=평균수익률	14.2	8.5	5.7	5.8

올라가는 형태가 된다. 즉, **평균수익률(세로축의 값)이 높은 펀드는 표준편차(가로축의 값)도 크다**는 말로, 리스크가 크다는 사실을 확실히 알 수 있다. 반대로 **리스크(=표준편차)를 작게** 하려고 하면 **평균수익률도 자동적으로 작아야만 한다.**

이 성질은 뮤추얼펀드뿐만 아니라 모든 자산운용이나 투자에서 볼 수 있는 경향으로, 흔히 '**하이 리스크, 하이 리턴**'이라고 불리는 것이다.

> 도표 6-2 리스크와 리턴은 비례한다

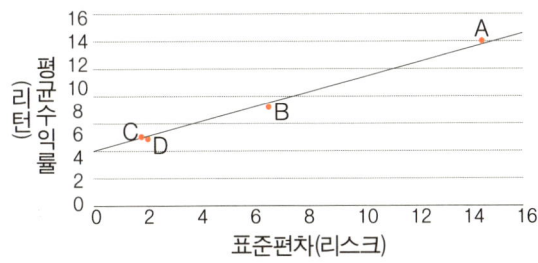

다시 말해, 큰 수익을 얻기 위해서는 높은 위험성을 각오해야 하며, 반대로 안전한 수익을 올리고 싶다면 적은 수익에도 만족해야 한다는 말이다.

2. 금융상품의 우열을 가리는 방법

지금 설명한 것과 같이 **하이 리스크와 하이 리턴, 또는 로우 리스크와 로우 리턴은 각각 한 쌍이 되는 것으로, 어느 쌍이 어느 쌍에 비해 우수하다거나 열등하다고 말할 수는 없다.** 어느 쌍의 금융상품에 투자할지는 투자자의 '기호' 문제다. '상품성'은 어떤 의미에서 같다고 할 수 있다.

도표6-3에서 A, B, C, D의 금융상품(도표6-1의 금융상품) 및 이 4개의 점처럼 직선 위에 있는 금융상품은 **상품성에 우열이 없다**고 생각해야 한다.

▶ **도표 6-3** 연도별 수익률 변동

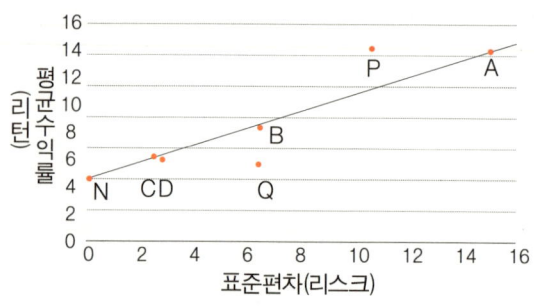

여기에서 이 4개의 점이 찍혀 있는 직선을 기준으로 일반적인 금융상품을 생각해보자. 점 P의 리턴과 리스크를 가진 금융상품을 예로 들면, 이것은 A와 같은 리턴을 가졌음에도 불구하고 리스크는 A보다 작다. 즉, '금융상품 A보다 우수한 금융상품'이라고 평가할 수 있다. 이것은 물론 직선 위에 있는 어느 금융상품과 비교해도 뛰어나다.

그러면 점 Q의 리스크와 리턴을 가진 금융상품을 생각해보자. 이것은 금융상품 B와 리스크는 같지만 리턴은 낮다. 즉, Q는 B에 비해 열등한 금융상품이라는 것을 나타낸다. 다시 말해서 '직선 위에 있는 모든 금융상품보다도 열등한 금융상품'이라고 평가할 수 있다.

이것을 이해한다면 다음의 말을 알 수 있을 것이다.

'**직선상의 A, B, C, D보다 위에 있는 금융상품은 직선 위에 있는 어느 금융상품보다 뛰어난 상품이고, 반대로 그 아래에 있는 금융상품은 열등한 상품**'이다.

3. 금융상품의 우열을 가리는 수치, 샤프지수

앞에서 도표를 사용해 금융상품의 우열을 가리는 방법을 설명했다. 이 방법으로 도표가 아닌 하나의 수치로 바꾸어서 쓸 수 있다면 상당히 편리할 것이다. 그래서 나온 것이 샤프라는 경제학자가 제안한 '**샤프지수**'다. 샤프지수가 클수록 우량 금융상품으로 평가된다.

금융상품 X의 샤프지수는 다음과 같이 계산한다.

(X의 샤프지수)={(X의 리턴)-(국채 이자율)}÷(X의 리스크)

대략적으로 설명하면 샤프지수는 분수로 되어 있으며, 분자는 리턴 평가, 분모는 리스크 평가를 나타낸다. 따라서 분자(리턴)가 크면 샤프지수도 커지고, 분모(리스크)가 작아져도 샤프지수는 커진다.

▶ **도표 6-4** 샤프지수가 클수록 우량 금융상품

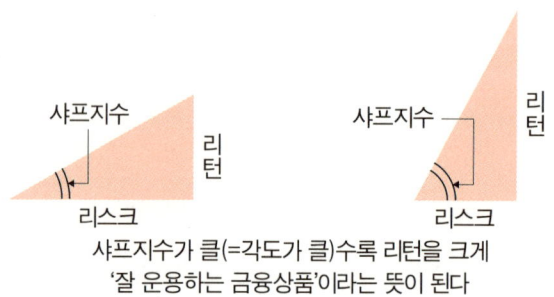

샤프지수가 클(=각도가 클)수록 리턴을 크게
'잘 운용하는 금융상품'이라는 뜻이 된다

이 식의 의미를 조금 더 자세히 생각해보기로 하자. 우선, 리턴에서 국채 이자율(무위험 수익률)을 빼는 것을 기준으로 한 이유는, 국채라는 것이 누구나 거래할 수 있으며 가장 안전한 이자가 붙는 자산이어서 그 이자율을 웃도는 것만큼이 일반적인 금융자산 가치라고 생각할 수 있기 때문이다. **국채**란 국가가 재정상의 필요에 따라 자금을 차입하기 위해 발행하는 채권으로, 국가는 회사에 비해 파산할 가능성이 아주 적기 때문에 국채는 **리스크가 적은 금융자산**이다.

다음으로 그 국채의 이자율을 웃도는 수익만큼을 리스크(표준편차)로 나누는 이유는 무엇일까? 이것은 **똑같은 리턴을 얻더라도 리스크가 높은 금융상품은 운용 상태가 나쁜 상품이라고 판단되기 때문이**

다. 리스크가 2인 경우에 수익은 절반으로 낮아지고, 리스크가 3인 경우에 수익은 3분의 1로 낮아지게 된다.

즉, '리턴이 30이고 표준편차가 3인 금융상품은 표준편차 1당 환산하면 30÷3=10의 리턴이 있으며, 리턴이 40이고 표준편차가 5인 금융상품은 표준편차 1당 환산하면 40÷5=8의 리턴이 있다. 그렇기 때문에 전자가 우량한 금융상품이다'라는 것과 같이, **리턴이나 리스크가 다른 상품을 통일시켜 비교할 수 있다.**

샤프지수가 도표6-3에서 어떤 의미를 가지고 있는지 살펴보기 바란다. 간단하게 하기 위해서 현재의 국채 이자율을 4%라고 가정하자. 그러면 도표6-3의 점 N이 국채를 나타낸다고 할 수 있다. 이때, 금융상품 A의 샤프지수는 '직선 NA의 기울기'와 일치한다. (A의 리턴)-(국채 이자율)은 점 A와 점 N의 세로 방향으로의 차를 나타내고, (A의 리스크)는 점 A와 점 N과의 가로 방향으로의 차를 나타내기 때문에 샤프지수는 (세로 방향의 차)를 (가로 방향의 차)로 나눈 것이 된다. 즉, 이것은 직선 NA의 기울기가 되기 때문이다(도표6-5).

이와 같이 금융상품 B, C, D의 샤프지수도 직선 NA의 기울기와 일치한다. 앞에서 '금융상품 A, B, C, D는 모두 우열이 없다'고 한 말을 여기에서는 '**샤프지수가 일치한다**'는 말로 바꿔서 표현할 수 있다.

한편, 금융상품 P의 샤프지수는 모두 같은 개념으로, 직선 NP의 기울기가 되기 때문에 직선 NA의 기울기와 비교하여 알 수 있듯이 금융상품 P는 금융상품 A, B, C, D에 비해서 운용을 잘하는 상품이라는 말이 된다. 반대로 금융상품 Q는 금융상품 A, B, C, D에 비해서 운용을 잘 못

> **도표 6-5** 투자의 세계에서 표준편차는 중요하며 유효한 수치

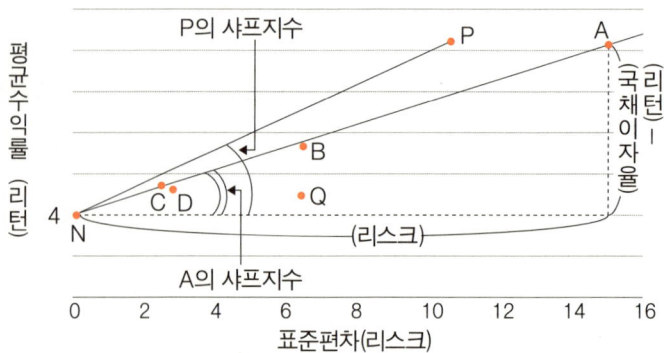

하는 상품이라고 할 수 있다.

이렇게 **투자나 자산운용의 세계에서 표준편차는 상당히 중요하고 유효한 수치**임을 알게 되었을 것이다. 그러면 마지막으로 생명보험회사의 운용실적을 나타낸 샤프지수를 살펴보자.

> **도표 6-6** 생명보험회사의 운용실적(1994년)

	○○생명	□□생명	△△생명	◇◇생명	☆☆생명	▽▽생명	◎◎생명
평균	4	4.69	4.62	4.8	5.41	6.49	4.85
표준편차	5.48	4.47	5.59	4.28	5.64	4.64	6.43
샤프지수	0.107	0.286	0.216	0.324	0.354	0.663	0.223
순위	7	4	6	3	2	1	5

표준편차③ : 하이 리스크와 하이 리턴, 샤프지수도 이해

제6강의 | 정리

① 투자는 기본적으로 하이 리스크 · 하이 리턴인 상품이나 로우 리스크 · 로우 리턴인 상품 중에서 선택하게 된다. 이 상품의 차이는 **'성질의 차이'**이지, 우열을 의미하는 것은 아니다.

② 같은 평균수익률이라면 **표준편차가 작은 것이 우량 금융상품**이며, 같은 **표준편차라면 평균수익률이 큰 것이 우량 상품**이라고 할 수 있다.

③ 이와 같은 의미에서 금융상품의 우열을 평가하는 기준으로 **샤프지수(SPM)**가 있다. 이것은 (X의 샤프지수)={(X의 리턴)-(국채 이율)}÷(X의 리스크)로 계산한다. **샤프지수가 큰 것이 우량 금융상품**이라고 볼 수 있다.

✚ 연습문제

① 운용실적이 평균수익률은 5%, 표준편차는 약 4.5%다. 국채이자율이 3%라고 하면,
샤프지수(SPM)=(   ) *소수점 둘째자리까지

② 샤프지수가 0.5인 투자신탁이 있었다고 가정해보자. 표준편차가 5%이고, 국채 이자율이 3%라면, 이 투자신탁의 평균수익률은 (   )%다.

*해답은 233쪽

07 강의 정규분포

: 키, 동전 던지기 등에서 흔히 볼 수 있는 분포

1. 가장 많이 발견할 수 있는 데이터 분포

지금까지 여대생의 키 데이터라든지, 주식의 월별수익률 데이터 등과 같이 몇 개의 데이터들을 예로 들면서 설명해왔다. 이러한 데이터들은 그것들이 나타나는 '불확실성'의 구조를 반영한 것이라는 설명도 앞에서 했다. 데이터가 생기는 시스템에서 도장을 찍는 것처럼 계속적으로 완전히 똑같은 수치들을 관측할 수 있는 경우는 이 세상에서 거의 찾아 볼 수 없다. 대부분의 현상은 '불확실성'의 구조를 갖고 있으며, 생겨나는 데이터는 제각각의 값이 되는 경우가 일반적이다.

이렇게 '데이터가 제각각인 수치로 나타나는 것'을 '데이터 분포'라 한다고 설명했다. 그리고 데이터 분포의 특징이나 반복되는 것을 파악하기 위한 도구로 평균값이나 표준편차라는 통계량을 설명했다.

이번 강의에서는 데이터 분포에서 **가장 대표적인 것**을 소개하도록 하겠다. 이 분포는 자연이나 사회에서 관측되는 데이터들 속에 아주 자주 등장하는 것이고, 그 분포의 모습은 수학적으로 정확히 설명되는 것이다. 바로 '**정규분포**'라고 하는 분포다. 실제로 **사람이나 생물의 키 데**

이터는 정규분포의 하나라고 알려져 있으며, **주식의 수익률 데이터**도 정규분포라고 생각하는 연구자가 많다. 이러한 것들을 차례로 살펴보도록 하자.

우선, 정규분포 중에서 제일 기초가 되는 '**표준정규분포**'를 알아보도록 하자. 표준정규분포 데이터 세트는 $-\infty$에서 ∞까지 모든 수치의 데이터로 구성된다. 다만, 그 상대도수는 수치에 따라서 다르며, 많이 나타나는 데이터도 있고 별로 나타나지 않는 데이터도 있다. 각 수치의 상대도수는 도표7-1의 히스토그램으로 나타낼 수 있다. 계급은 0.1씩으로 나뉘고, 높이는 상대도수가 된다. 원래는 계급의 폭이 무한히 작아 그래프는 더욱 부드러운 곡선이 되며, 상대도수는 그래프의 면적으로 나타낸다. 그런데 이 식은 도표7-2의 수식과 같이 아주 어려워 보이는 식이된다. 만일 이와 같은 수식에 알레르기 반응을 일으킨다면, 이 수식은 그냥 넘어가도 된다. 수식 하나 때문에 이 책을 덮을 필요는 없으니까.

▶ **도표 7-1** 표준정규분포

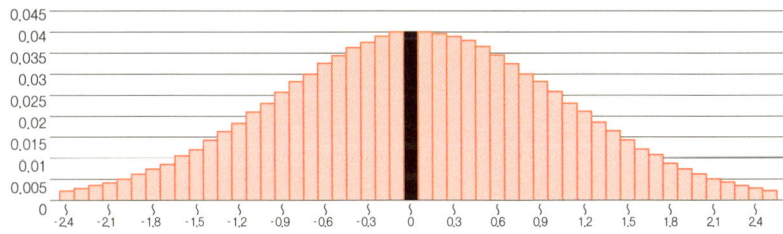

▶ **도표 7-2** 표준정규분포 수식

$$f(x) = \frac{1}{\sqrt{2\pi}} e^{-\frac{1}{2}x^2}$$

07 강의

　여기에서 독자 여러분에게 몇 가지 변명을 해야겠다. 우선, 데이터 세트가 무한개의 수치로 이루어져 있기 때문에 도수분포표나 히스토그램을 만드는 것은 현실적으로 불가능하다. 어느 계급이든지 무한개의 데이터가 들어가 버리기 때문에, 다시 말해 어느 계급이든지 도수가 무한하기 때문에 이것은 사용할 수가 없다. 그래서 히스토그램은 어떤 의미에서 '속임수'로 작성된 것이라고 할 수 있다. 즉, '도수' 그 자체는 무시하고 '상대도수'(데이터가 전체에서 차지하는 퍼센트. 제1강의 2항)로 막대그래프를 만든 것이다. 그렇기 때문에 세로축의 수치는 0.×××라는 **0 이상 1 미만의 수치**가 된다.

　하지만 꼼꼼한 독자라면 '무한한 개수에 대한 상대도수가 무엇인지'를 고민할 것이다. 그래서 이 그래프를 볼 때 독자 여러분도 자기 자신을 속여야 한다. 표준정규분포 데이터 세트에는 플러스든 마이너스든 모든 수의 데이터가 들어가 있지만, 그 하나하나의 수까지 '무한히 세밀하고 정밀하게' 생각하지 말고, **예를 들어서 '0.1에서 0.2 사이에 있는 데이터는 전체의 몇 %를 차지하는가?'** 라고 하듯이 '폭을 가진 구간'이라고 하는 식으로, 대략적으로 다룬다고 이해하길 바란다.

　그리고 사실은 전체 데이터 수나 이 구간에 들어가는 데이터 수도 무한개이지만, '무한개도 비례를 생각하는 것은 가능'하다고 믿길 바란다. 예를 들어, 여기에 한 면이 2cm인 정사각형과 한 면이 4cm인 정사각형이 있다고 가정해보자. 어느 정사각형이든지 무한개의 점이 꽉 차 있기 때문에 어느 정사각형의 점이 많은지를 비교할 수 없다. 그러나 면적을 구하면 앞의 정사각형이 4cm²이고 뒤의 정사각형은 16cm²이기 때문에

정규분포 : 키, 동전 던지기 등에서 흔히 볼 수 있는 분포

뒤의 정사각형이 앞의 정사각형보다 점의 수가 4배 많다고 이해해도 틀리지 않을 것이다.

　표준정규분포에서 각 범위의 데이터 수 또한 이와 같이 이해하길 바라는 것이다(실제로 무한개의 데이터를 다룰 때는 '면적'과 같은 양이라고 정의한다). 즉, 사실은 부드러운 곡선인 그래프는 얇은 막대그래프를 모아 비슷하게 표현한 것이 도표7-1이다. 그리고 각 막대의 높이는 그 범위에 들어 있는 무한개의 데이터가 많음을 나타내는 '상대도수'라고 가정하는 것이다. 예를 들어, '0.1에서 0.2 사이에 있는 데이터 상대도수'는 도표7-1의 히스토그램에서 약 0.04 정도라고 읽어낼 수 있다.

　이상과 같은 대략적인 설명으로는 부족하다고 생각하는 독자를 위해 의문이 하나도 남지 않을 만큼 정확하게 정식화된 수학적 방법이 개발되어 있다(면적에 대한 논의를 일반화한 측도론이다). 그러나 이것은 정말 머리가 어지러울 정도로 어렵고, 이해하기 위해서는 많은 시간과 어려운 수행이 필요하다. 진정한 통계학자가 되기 위해서라면 측도론을 꼭 알아야 하겠지만, 일반 독자들은 그런 것에 에너지를 쓸 필요 없다. 그래도 꼭 알아야 겠다는 독자는 이 책을 다 읽은 뒤에 조금 더 어려운 통계학 책으로 공부하기 바란다.

　다시 표준정규분포로 돌아가, 한 번 더 도표7-1의 히스토그램을 보자. 산과 같이 가운데가 위로 볼록한 모양을 하고 있는 것을 볼 수 있을 것이다. **중요한 것은 0 주변에 데이터가 집중해 있고(히스토그램의 높이가 높고), +2를 웃돌거나 −2를 밑돌면 데이터 수가 급격하게 줄어든다(히스토그램의 높이가 급격하게 낮아진다)는 점이다.** 이러한 점들

은 평균값과 표준편차로도 다음과 같이 뒷받침할 수 있다.

표준정규분포의 성질①
평균값=0　표준편차=1

평균값이 0인 것은 그래프가 0을 중심에 두고 좌우대칭이기 때문에 간단히 이해할 수 있다. 이 분포가 '표준'정규분포라고 불리는 것은 이 '평균이 0', '표준편차가 1'이 기준이 되는 수이기 때문이다.

다른 일반적인 분포 중에도 물론 '평균이 0', '표준편차가 1'이 되는 것은 무수히 많이 있다. 그러나 표준정규분포의 경우는 분포를 나타내는 식(도표7-2)이 확실히 있기 때문에 도표7-1과 같이 어느 구간을 지정해도 그곳에 데이터가 들어있는 상대도수는 확실히 정해져 있다. 이것은 '정규분포표'로 알아낼 수 있지만, 여기에서는 그 중에서 가장 유용한 것만 소개하겠다.

표준정규분포의 성질②
(+1) ~ (−1) 범위의 데이터(평균에서 표준편차 1배 이내 범위의 데이터)의 상대도수는 **0.6826 (=약 70%)**

(+2) ~ (−2) 범위의 데이터(평균에서 표준편차 2배 이내 범위의 데이터)의 상대도수는 **0.9544 (=약 95%)**

이러한 상대도수는 앞으로 정규분포를 이용할 때 가장 자주 이용하는 것이기 때문에 기억해 둘 필요가 있다.

도표7-3을 보기 바란다. 성질②를 히스토그램 위에서 보면 이렇게 된다. 도표에서 **+1과 -1 사이 막대그래프 높이의 합계는 막대그래프 전체에서 약 68%를 차지한다.**

특히 성질②의 두 번째인 '**표준정규분포에서는 표준편차 2배 범위 이내에 대부분의 데이터가 들어간다**'는 것은 데이터를 판단하는 데 기준이 되기 때문에 중요하다.

▶ **도표 7-3** 표준정규분포에서는 표준편차 2배 범위 이내에 대부분의 데이터가 들어간다

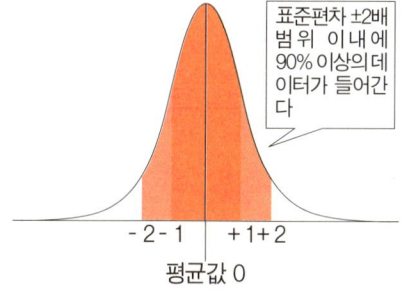

2. 일반정규분포를 보는 방법

계속해서 일반정규분포에 대해서 알아보자. 일반정규분포의 데이터 세트는 단순히 **표준정규분포의 모든 데이터에 일정한 수를 곱하고, 그 뒤에 일정한 수를 더하는 방법**으로 얻을 수 있다. 곱하는 일정한 수를 σ(시그마로 읽는다), 더하는 일정한 수를 μ(뮤로 읽는다)라고 한다면,

(일반정규분포의 데이터)=$\sigma \times$**(표준정규분포의 데이터)**+μ

라는 계산으로 구할 수 있다. 이러한 데이터의 가공으로 히스토그램이나 평균값, 표준편차가 어떻게 변하는가는 제4강의 정리 ④의 공식을 이용하면 바로 알 수 있다.

표준정규분포의 평균값은 0이고, 표준편차는 1이기 때문에 그 모든 데이터에 σ를 곱하여 데이터를 가공하면, 구한 데이터의 평균값은 ($0 \times \sigma$의 계산으로) 0 그대로, 표준편차는 ($1 \times \sigma$의 계산으로) σ가 된다. 또한 모든 데이터에 μ를 더하면, 구한 데이터의 평균값은 ($0+\mu$로) μ가 되며, 표준편차는 σ 그대로가 된다. 정리하면,

일반정규분포의 성질①

$\sigma \times$**(표준정규분포의 데이터)**+μ로 만들어진 데이터는

평균값=μ 표준편차=σ

그러면 구체적으로 $\sigma=3$이고, $\mu=4$라고 해보자. 표준정규분포의 데이터는 앞에서 설명한 것과 같이 '+1과 −1 사이에 있는 데이터의 상대도수는 대략 68%'가 된다. 이것은 히스토그램으로 말하면 위로 볼록한 그래프의 +1과 −1 사이에 있는 막대그래프는 '전체에서 68%를 차지한다'는 의미다.

그래서 이 표준정규분포의 데이터에 3을 곱하면 '+3과 −3 사이에 있는 데이터의 상대도수는 대략 68%'라는 말이 된다. 또한 4를 더하면 '+7

과 +1 사이에 있는 데이터의 상대도수는 대략 68%'라는 말이 된다.

이것을 생각하면 히스토그램은 좌우로 3배가 늘어나고 오른쪽으로는 4만큼 이동한다는 것을 알 수 있다(도표7-4 참조).

▶ **도표 7-4** 표준정규분포에서 일반정규분포로

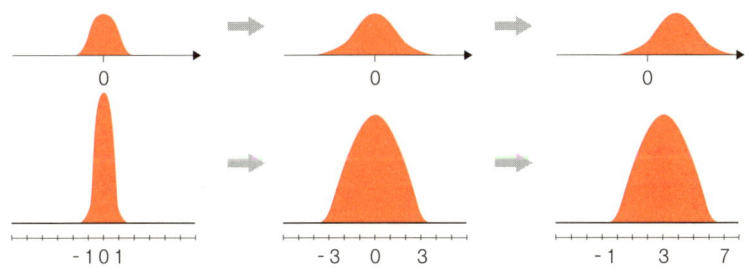

이와 같은 것을 이해했다면, 앞에서 설명한 '표준정규분포의 성질'은 바로 다음과 같이, 'σ배하고 μ를 더해서 나오는 일반정규분포의 성질'로 바꿀 수 있다는 것을 알 수 있다.

일반정규분포의 성질②

($\mu+1\times\sigma$) ~ ($\mu-1\times\sigma$)의 범위 데이터(평균에서 표준편차 1배 이내 범위의 데이터)의 상대도수는 0.6826 (=약 70%)

($\mu+2\sigma$) ~ ($\mu-2\sigma$)의 범위 데이터(평균에서 표순편차 2배 이내 범위의 데이터)의 상대도수는 0.9544 (=약 95%)

이것은 62쪽의 설명을 뒷받침해 주는 것이다. 그런데 지금까지의 것들을 뒤집어 보면, 다음과 같이 일반정규분포를 표준정규분포 데이터로 바꿀 수 있다.

일반정규분포를 표준정규분포로 바꾸는 공식

데이터 x가 평균값이 μ, 표준편차가 σ인 일반정규분포를 따르는 데이터일 경우, $z=(x-\mu)\div\sigma$라는 가공을 하면, 데이터 z는 표준정규분포를 따르는 데이터가 된다.

이것은 편리한 공식일 뿐만 아니라 지금까지 설명한 '데이터를 보는 방법'과 일치한다는 것을 잊어서는 안 된다(제4강의의 4항에서도 같은 내용을 설명했기 때문에 다시 읽어보기 바란다). $z=(x-\mu)\div\sigma$는 **{(데이터)-(평균)}÷(표준편차)**라는 것을 의미하는 계산이기 때문에 z는 '평균값에서 표준편차의 몇 배 정도 떨어져 있다'는 것을 평가하는 수치인 것이다. 지금까지 몇 번이나 이렇게 보는 방법이 중요하다고 강조해왔는데, 이로써 '일반정규분포'에서는 수학적인 큰 의미를 갖고 있다는 것을 확인할 수 있었을 것이다.

지금까지의 설명으로부터 다음의 아주 중요한 사실도 알 수 있다.
정규분포는 평균값 μ와 표준편차 σ를 주면 한 종류로 정해진다.

3. 키 데이터는 정규분포를 따른다

이 7강의 처음에 키가 정규분포의 한 종류라고 했다. 이것이 사실인지를 2항에서 나타낸 공식을 응용해 확인해보자.

우선, 제1강의에서 사용했던 여대생 80명의 키 데이터로 만든 도수분포표를 다시 보도록 하자(도표7-5 참조).

> **도표 7-5** 여대생 80명 키의 '도수분포표'

계급	계급값	도수	상대도수	누적도수
141~145	143	1	0.0125	1
146~150	148	6	0.075	7
151~155	153	19	0.2375	26
155~160	158	30	0.375	56
161~165	163	18	0.225	74
166~170	168	6	0.075	80

이 도수분포표로 계산한 평균값은 157.75cm, 표준편차는 5.4가 된다. 5개씩 나누어져 있는 숫자들을 모은 계급을 140~145, 145~150, 150~155…로 빠진 수가 없이 고치고, 평균값을 빼고 표준편차로 나눈다(z). 이렇게 하면 표준정규분포 하는 데이터 중 어떤 데이터와 대응하는지를 구할 수 있다. 이 '표준정규분포로서의 상대도수'를 표계산 소프트웨어를 사용하여 구한 것이 도표7-6이다.

실제의 상대도수와 표준정규분포라고 했을 때의 상대도수를 비교해보면 상당히 비슷하게 일치하는 것을 볼 수 있다.

이 외에도 정규분포와 가까운 분포가 있다. 그것은 동전을 N개 던졌을 때 나오는 표의 개수를 데이터로 나타냈을 때의 분포다([보충설명]을 참조).

도표7-7을 보면, 사실 이 도표는 동전 던지기 그래프와 어떤 일반정

> **도표 7-6** 키는 정말 표준정규분포로 되어 있는가?

계급을 표준정규분포로 고친 값(z)	실제의 상대도수	정규분포로 가정할 때의 상대도수
−3.287 ~ −2.361	0.0125	0.0086
−2.361 ~ −1.435	0.075	0.0665
−1.435 ~ −0.509	0.2375	0.2297
−0.509 ~ 0.417	0.375	0.3563
0.417 ~ 1.343	0.225	0.2488
1.343 ~ 2.269	0.075	0.0781

평균값 =157.75(cm)   표준편차=5.4

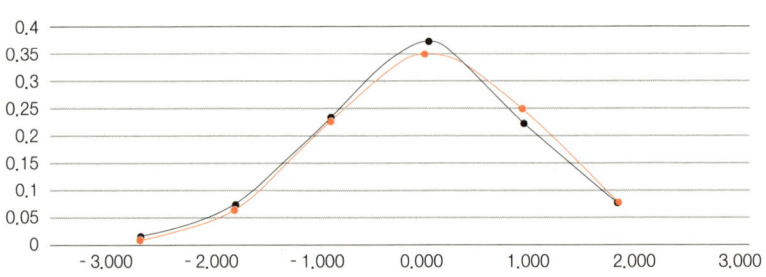

> **도표 7-7** 동전 18개를 던져서 앞면이 k개 나올 상대도수(수학적으로 계산한 것)

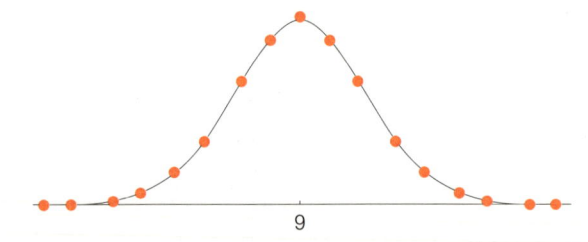

9

규분포의 그래프를 함께 그린 것인데, '모든 수치'라고 해도 좋을 정도로 빗겨나감이 없이 완전히 일치한다.

동전 던지기에는 다음의 법칙이 알려져 있다.

동전 던지기는 정규분포와 근사

동전 N개를 동시에 던져서(혹은 N번 계속해서 던져서), 그 중 몇 개가(혹은 몇 번이) 앞면으로 나올지를 데이터로 기록한다. 이 작업을 반복하여 앞면이 X 수가 나올 상대도수의 히스토그램을 만들면 그것은 근사적으로

평균값이 $\frac{N}{2}$, 표준편차가 $\frac{\sqrt{N}}{2}$인 정규분포를 따른다.

제7강의 │ 정리

① **정규분포**는 자연이나 사회에서 **가장 흔히 볼 수 있는 분포**다. 예를 들어, **키** 데이터나 **동전 던지기**에서 앞면이 나올 개수의 데이터 등이 있다.

② 표준정규분포는 평균값=0이고, 표준편차=1이다.

③ 표준정규분포에서는
(+1) ~ (−1) 범위의 데이터(**평균에서 표준편차 1배 이내의 범위에 있는 데이터**)의 상대도수는 0.6826 (=약 70%)
(+2) ~ (−2) 범위의 데이터(**평균에서 표준편차 2배 이내의 범위에 있는 데이터**)의 상대도수는 0.9544 (=약 95%)
가 된다.

④ **일반정규분포**의 데이터는 $\sigma \times$(표준정규분포의 데이터)$+\mu$로 구하고, **평균값**=μ이고, **표준편차**=σ이다.

⑤ 평균값이 μ이고, 표준편차가 σ인 정규분포를 표준정규분포로 다시 구하기 위해서는
$z=(x-\mu) \div \sigma$
라는 식을 적용하면 된다.

⑥ 평균값이 μ이고, 표준편차가 σ인 정규분포에서는
$(\mu+1 \times \sigma)$ ~ $(\mu-1 \times \sigma)$의 범위 데이터(**평균에서 표준편차 1배 이내의 범위에 있는 데이터**)의 상대도수는 0.6826 (=약 70%)

> $(\mu+2\sigma) \sim (\mu-2\sigma)$의 범위 데이터(**평균에서 표준편차 2배 이내**의 범위에 있는 데이터)의 상대도수는 0.9544 (**=약 95%**)

07강의

+ 연 | 습 | 문 | 제

① 1000점을 만점으로 하는 어떤 시험의 평균은 대략 600점이고 표준편차가 100점이며, 정규분포를 한다고 한다. 이때, 95.44%의 데이터를 포함하는 범위는 (　　) − {(　　)×2} ~ (　　) + {(　　)×2}이기 때문에, (　　) ~ (　　)의 범위가 된다.

② 100개의 동전을 동시에 던졌을 때 앞면이 나오는 동전의 수를 데이터로 집계하면 평균이 50개고, 표준편차가 5개며, 정규분포를 한다고 한다. 이때, 95.44%의 데이터를 포함하는 범위는 (　　) − {(　　)×2} ~ (　　) + {(　　)×2}이기 때문에, (　　) ~ (　　)의 범위가 된다.

* 해답은 233쪽

+ 보 | 충 | 설 | 명

세상에 정규분포가 가득한 이유

제7강의에서는 흔히 볼 수 있는 분포가 정규분포라고 설명했다. 이 말은 무슨 말일까?

불확실한 현상을 '확률'이라는 개념을 사용해 설명하는 작업은 17세기 무렵 수학자들에 의해 시작되었다. 수학자들은 연구에서 불확실한 수가 나오는 현상을 하나로 고정하고, 나타나는 수를 n번만큼 모아서 평균으로 데이터를 만들었다. 그리고 이 작업을 반복해서 (n번의 평균) 데이터의 히스토그램을 만들면 어떠한 불확실한 현상이든지 n이 커짐에 따라서 어떤 일정한 그래프에 가까워져가는 듯이 보인다는 것을 알게 되었다. 그 '일정한 그래프'라는 것은 역시 '정규분포'였던 것이다.

역사적인 사례로는 제7강의에서도 히스토그램으로 봤던 '동전 던지기'로, 아주 빠른 시점에서 해석되었다. 동전 던지기를 해서 앞면이 나오면 1점, 뒷면이 나오면 0점으로 해서 n번 시행해서 얻은 점수를 n으로 나누어서 평균값을 구한다. 이것을 데이터로 기록하면 이것은 'n개의 동전을 한번 던져서 앞면이 나온 수를 n으로 나눈 것'과 같은 데이터로 간주한다. 이 데이터의 상대도수로부터 히스토그램을 만드는 것은 실제로 실행하는 것이 아니라 수학적인 확률을 계산하여 그것을 상대도수로 하는 것이다. 도표7-7의 히스토그램은 그 중 하나의 사례다. 수학자들은 이 동전 던지기의 수학적인 확률로 히스토그램은 n이 충분히 클 때, 정규분포에 가깝다는 것을 증명했다.

그 뒤 수학자들의 노력으로 불확실한 현상이 동전 던지기 이외의 여러 다른 현상에서도 그와 같은 사실이 성립하는 것이 밝혀졌다. 그리고 20세기 초에 러시아의 수학자 콜모고르프에 의해서 일반적으로 이 법칙이 증명되었는데, 이것을 '중심극한정리'라고 한다.

우리들이 현실에서 관측할 수 있는 불확실한 현상, 예를 들어서 생물의 키가 정해지는 현상이나 주가가 정해지는 현상은 많은 단순하고 불확실한 현상들이 복합적으로 합쳐진 것이라고 할 수 있다. 따라서 '**중심극한정리가 작용하고, 그곳에 정규분포가 나타난다**'고 해석해도 그렇게 크게 잘못된 것은 아니다.

통계적 추정의 출발점

: 정규분포를 이용해서 '예언'

1. 정규분포의 성질을 이용해 '예언'을 할 수 있다

제7강의와 제7강의 보충설명에서 '우리들의 일상생활에서 흔히 볼 수 있는 데이터에는 정규분포가 많다'는 것을 설명했다. 그렇다면 다음과 같은 생각을 할 수 있을 것이다. '만일 주목하고 있는 불확실한 현상이 정규분포라고 간주한다면, 정규분포의 성질을 이용해서 어떠한 예언을 할 수 있지 않을까?'

그렇다. **이 생각은 올바르며**, 이것이야말로 **'통계적 추정'의 출발점**이 되는 발상이다.

우선, 우리들이 주목하고 있는 불확실한 현상이 '표준정규분포'라고 알고 있는 경우를 생각해보자. 그리고 그 다음에 발생하는 데이터를 '예언'하고 싶다고 해보자. 우리들이 갖고 있는 지식은 '그 다음에 어떤 데이터가 발생할지 모르지만, 그 상대도수는 표준정규분포를 따른다'는 사실이다. 이때 우리들은 어떤 수치를 예언하면 좋을까? 이것을 생각하기 위해서 다시 한 번 표준정규분포의 히스토그램(도표8-1)을 살펴보자.

> **도표 8-1** 표준정규분포의 히스토그램

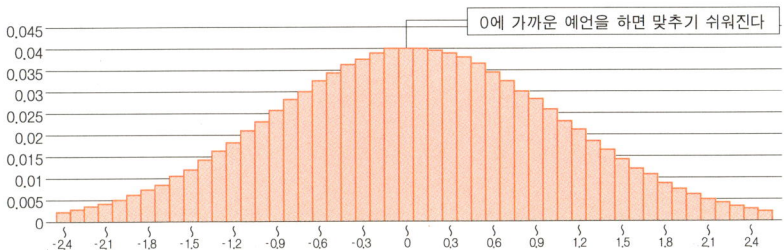

예언을 맞추기 위해서는 당연히 '나타날 가능성이 큰' 수를 말하는 것이 옳은 전략이다. 히스토그램의 막대 높이는 데이터가 나타나는 상대도수를 나타내는 것으로, 이것은 나타날 가능성을 보여주는 것이라고 생각할 수 있다. 도표8-1을 봐서 알 수 있듯이 막대의 높이가 높은 것은 '0에 가깝다.' 그렇기 때문에 **'0에 가까운 것'을 예언하는 것이 '쉽게 맞추기' 위한 좋은 전략**이다.

그렇지만 '하나의 숫자'로 예언을 한다면 맞출 가능성은 희박하다. 왜냐하면, 앞에서 설명한 것과 같이 표준정규분포는 어떤 수든지 데이터로 나타날 가능성이 있기 때문에 맞출 확률은 '$\frac{1}{무한대}$'=0이 되어버린다. 그렇기 때문에 예언을 하기 위해서는 폭을 지정해서 '○ 이상 ○ 이하'라는 식으로 예언해야 한다.

예를 들어 보면 '0 이상 0.1 이하의 수'라고 예언하면 어떻게 될까? 히스토그램을 보면 알 수 있듯이, 이 구간의 데이터 상대도수는 약 0.04다. 즉, 표준정규분포 데이터의 약 4%는 이 구간의 수치라고 할 수 있기 때문에 '0 이상 0.1 이하의 수'라고 예언하면 맞출 확률은 4%라고 해도 좋다. 그러나 '예언'의 정확성이 상당히 떨어지는 것으로, 대부분이 틀린

것이다.

그러면 '예언'의 정확성을 만족시킬 수준까지 높이기 위해서는 어느 구간을 말하면 좋을까? 이때, 앞 강의에서 설명한 '표준정규분포의 성질②'가 도움이 된다. 이것에 의하면, '범위가 −1에서 +1까지인 데이터의 상대도수는 약 68.26%'이다. 다시 말해 예언하는 구간을 '−1이상 +1이하의 수'라고 하면 **약 68.26%의 확률로 그 예언을 맞출 수 있다**는 말이다. 이것은 적중률이 상당히 높은 예언이라고 할 수 있다.

2. 표준정규분포의 95% 예언적중구간

앞에서는 표준정규분포 데이터 세트 중 하나의 수를 관측하기 전에 그 수를 예언할 때, '0 이상 0.1 이하'의 수로 예언하면 적중할 확률은 약 4%이고, '−1 이상 +1 이하의 수'로 예언하면 적중할 확률이 약 68.26%라는 것을 알았다. 그렇다면 어느 정도의 '적중 확률'을 목표로 해서 어느 구간을 예언하는 것이 좋을까?

우선, 히스토그램을 보면 알 수 있듯이 **적중확률을 높이고 싶다면 구간을 넓혀야 한다.** 마음껏 넓혀서 '−∞ 이상 +∞ 이하의 수'로 예언하면 이것은 100% 적중시킬 수 있지만(히스토그램 전체를 포함하기 때문에), 이는 너무도 당연한 일이기 때문에 유용한 예언이 되지 못한다. 따라서 유한한 범위에서 예언을 해야 하는데, 그렇게 되면 몇 %쯤은 확률이 틀릴 수 있다는 것을 생각해야 한다(히스토그램의 일부를 잘라 버리는 것이기 때문에). 문제는 어디까지 틀려도 괜찮을까 하는 것이다. 이 '적중확률'은 일반적으로 통계를 사용하는 사람의 상황에 맞게 설정된다.

많이 사용되는 것은 '**95% 적중**' 혹은 '**99% 적중**'의 범위다. 이 책에서는 가장 자주 사용되는 '95% 적중'을 예로 들도록 하겠다. '**95% 적중의 범위를 고른다**'는 말을 뒤집으면 '**5%의 예언은 틀린다**'는 말이다. 일반적으로 발생확률이 5%를 밑도는 현상(예를 들어서 동전 던지기를 5번 던져서 5번 뒷면이 나오는 등)에 대해 사람들은 '흔치 않은 이상한 일'이라는 인상을 받는다. 다시 말해, 5%는 예언이 틀리더라도 우연에 의해 '보기 드물게 일어난 이상한 일이어서 어쩔 수 없다'고 납득할 수 있는 수치다.

앞 강의에서 '−2 이상 +2 이하의 수'의 상대도수는 약 95.44%라는 법칙을 설명했다. 그래서 예언을 할 때 이 범위를 사용하면 좋겠지만, 통계학에서는 적중확률을 가능한 한 95%로 고정한다. 그래서 남은 0.44 만큼을 떼어 버리기 위해서 구간을 약간 좁혀서 '**−1.96 이상 +1.96 이하**'라는 범위를 '95% 적중'의 예언 구간으로 삼기로 약속했다(사실은 이것도 딱 95%가 되지는 않지만, 통계학에서는 '**약**'을 붙이지 않고 딱 **1.96을 쓰는 것**이 관례다).

표준정규분포의 95% 예언적중구간

표준정규분포의 95% 예언적중구간은 −1.96 이상 +1.96 이하

08 강의

이 '95% 예언적중구간'을 어떻게 생각하면 좋을까? 우선, 이것은 '보기에 따라서는 상당히 대담한 예언'이라고 평가할 수 있다. 왜냐하면 표준정규분포에서는 원래 $-\infty$에서 $+\infty$까지의 어떤 수든지 원리적으로는 나올 수 있기 때문에 '-1.96 이상 $+1.96$이하'라는 아주 좁은 구간 안에서만 예언한다는 것은 아주 대담한 일로 보일 수 있다는 말이다. 당신이 한 예언이 대부분 적중하는 것을 정규분포의 지식이 없는 사람이 본다면, 당신을 초능력자라고 생각할지도 모른다. 그러나 또 한 가지 기억해야 할 것은 '이 예언 방법으로 예언을 하면 5%는 틀릴 수 있는 위험을 각오해야 한다'는 것이다.

과학 법칙이라는 것을 '반드시 그렇게 되는 진실'이라고 이해하는 사람은 이 점으로 인해서 당황해 할지도 모른다. 통계학의 방법론은 지금까지의 과학 법칙(예를 들어서 '지구상의 물체는 그냥 떨어트리면 바닥을 향해서 떨어진다'는 법칙과 같은 것)과는 조금 다른 형식을 취한다. 바로 **처음부터 100% 맞추지는 못한다**'는 것을 전제하는 것이다. 95% 예언적중구간의 개념은 5%는 틀린다는, **'완벽하지 않다'는 점을 허용하는 것으로, 상당히 좁은 구간의 예언을 가능하게 하는 것**이라고 이해해야 한다.

이 부분에서 꼼꼼한 독자라면 '상대도수가 95%가 되는 구간은 그 구간 외에도 여러 부분이 있지 않나?'하는 의문을 가질 것이다. 맞다. 그 의문 그대로다. 예를 들어, 조금 벗어나서 '-2.1 이상 $+1.86$ 이하'도 상대도수는 95%가 된다. 그러나 이렇게 하면 예언의 정확성이 낮아진다는 것도 감이 좋은 독자라면 알 수 있을 것이다. 왜냐하면 '-1.96 이상

'+1.96 이하'의 구간의 길이는 3.92인데, '−2.1이상 +1.86이하'의 구간의 길이는 3.96이기 때문에 뒤의 구간이 더 '긴 범위'를 예언하게 되는 셈이다. 예언의 정확성 면에서 생각해보면 **예언하는 구간은 짧으면 짧을수록 좋다**. 실제로 그 예언을 바탕으로 뭔가를 준비한다면, 예언의 범위가 좁은 쪽이 더 적중하여 효율적인 준비를 할 수 있기 때문이다. 히스토그램이 좌우대칭으로 해서 대칭축에 가까울수록 빈도가 높은 것이라고 생각하면, **같은 예언적중 확률의 구간 중에서 가장 짧은 구간을 선택하는 길은 '좌우대칭의 구간'을 선택하는 것이다**.

▶ 도표 8-2 예언하는 구간은 짧을수록 좋다

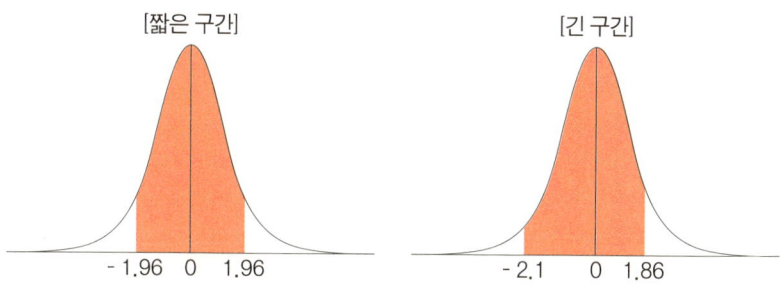

3. 일반정규분포의 95% 예언적중구간

이어서 주목하는 데이터가 일반정규분포를 따를 경우, '관측된 데이터를 95% 적중시키는 예언'을 하는 방법을 알아보자. 이것은 일반정규분포와 표준정규분포가 어떤 관계에 있는가를 떠올리면 아주 간단하다.

앞 강의에서 설명한 것처럼 일반정규분포의 데이터는

(일반정규분포의 데이터)={σ×(표준정규분포의 데이터)}+μ

와 같이 표준정규분포의 데이터에 일정한 값 σ를 곱하고, 일정한 μ를 더해서 구할 수 있다. 또한 평균값이 μ, 표준편차가 σ였다. 그래서 95% 예언적중구간도 표준정규분포의 구간인 '−1.96 이상 +1.96 이하'의 양 끝수에 σ를 곱하고, μ를 더하면 된다.

일반정규분포의 95% 예언적중구간

평균값이 μ이고, 표준편차가 σ인 정규분포의 95% 예언적중구간은 (μ−1.96σ) 이상 (μ+1.96σ) 이하

이것은 표준정규분포를 일반정규분포로 가공한 공식을 이용해서 만든 것이지만, 반대로 일반정규분포를 표준정규분포로 가공하는 공식도 있었다.

일반정규분포를 표준정규분포로 바꾸는 공식

데이터 x가 평균값이 μ이고, 표준편차가 σ인 일반정규분포를 따르는 데이터일 때, z=(x−μ)÷σ라는 가공을 하면, 데이터 z는 표준정규분포를 따르는 데이터가 된다.

이것을 이용해서 95% 예언적중구간을 표현해보자. 이 경우, '부등식 표시'가 있어서 귀찮지만, 이것도 나중에 자주 등장하는 중요한 공식이

기 때문에 외우는 편이 좋다.

일반정규분포의 95% 예언적중구간 : 부등식 표시

데이터 x가 평균값이 μ이고, 표준편차가 σ이며, 일반정규분포를 따르는 경우일 때, 95% 예언적중구간은 부등식 $-1.96 \leq \frac{x-\mu}{\sigma} \leq +1.96$ 을 풀어서 구한 범위다.

요점은 '평균값에서 표준편차의 몇 배 정도 떨어진다'는 단위에서 볼 때 '±1.96 이내에서 떨어진 범위를 예언하면 된다'는 것이다. 이것은 표준편차에 대해 몇 번이나 설명해왔던 것으로, 정당화된 법칙이라고 할 수 있다.

8강의에서는 이 법칙을 응용한 한 예를 계산해보도록 하자.

앞 강의에서 설명했듯이 'N개의 동전을 던져서 앞면이 나오는 개수'는 대략 '평균값이 $\frac{N}{2}$이고, 표준편차가 $\frac{\sqrt{N}}{2}$인 일반정규분포'가 된다. 예를 들어, '100개의 동전을 동시에 던질 때 앞면이 나오는 개수'를 몇 번 반복해서 관찰하여 상대도수의 히스토그램을 만들면,

'평균값이 $\frac{100}{2} = 50$이고, 표준편차가 $\frac{\sqrt{100}}{2} = 5$인 일반정규분포'를 하는 히스토그램과 닮은 것이 나온다.

그러면 당신이 지금부터 100개의 동전을 동시에 던졌다고 가정해서 앞면이 나올 개수를 예언한다면, '95% 예언적중'할 범위를 만들어보자.

앞에서 소개했던 법칙을 이용해서 '($\mu-1.96\sigma$) 이상 ($\mu+1.96\sigma$) 이하'를 예언하면 좋기 때문에 $\mu=50, \sigma=5$를 대입하면, '(50−1.96×5) 이상

'(50+1.96×5) 이하'='40.2 이상 59.8 이하'가 95% 예언적중 범위가 된다. 다시 말해 '**앞면이 나오는 동전은 40개에서 60개 사이**'라고 예언하면 대략 사실과 맞는다.

여기에서 '대략'이라고 하는 것은 충분히 많은 횟수인 M번을 예언하면 그 중 5%의 횟수(M×0.05번)는 예언이 빗나간다는 의미다. 또는 M명의 사람이 이 예언을 하면 그 중 5%의 사람(M×0.05명)은 예언이 빗나간다는 의미이기도 하다.

마지막으로, '부등식 표시'로 된 식으로 같은 계산을 해보도록 하자.

부등식

$$-1.96 \leq \frac{x-\mu}{\sigma} \leq +1.96$$

μ에 50, σ에 5를 대입하면,

$$-1.96 \leq \frac{x-50}{5} \leq +1.96$$

세 곳에 5배를 하면,

$$-1.96 \times 5 \leq \frac{x-50}{5} \times 5 \leq +1.96 \times 5$$

$$-9.8 \leq x-50 \leq +9.8$$

세 곳에 50을 더하면

$$-9.8+50 \leq x-50+50 \leq +9.8+50$$

$$40.2 \leq x \leq 59.8$$

이것이 앞에서 계산했던 결과(앞면이 나오는 동전은 40개에서 60개 사이)와 같은지 확인해 보라.

제8강의 | 정리

① 표준정규분포의 95% 예언적중구간은 −1.96 이상 +1.96 이하다.
② 평균값이 μ이고, 표준편차가 σ인 정규분포의 95% 예언적중구간은 (μ−1.96σ) 이상 (μ+1.96σ) 이하다.
③ 데이터 x가 평균값이 μ이고, 표준편차가 σ인 일반정규분포를 따르는 데이터일 때, $z=(x-\mu)\div\sigma$라는 계산을 하면, **데이터 z는 표준정규분포를 따르는 데이터가 된다.**
④ 데이터 x의 평균값이 μ이고, 표준편차가 σ인 정규분포를 따를 경우, 95% 예언적중구간은 **부등식** $-1.96 \leq \dfrac{x-\mu}{\sigma} \leq +1.96$을 풀어서 구한 범위다.

+ 연습문제

여성의 키 평균값은 약 160cm, 표준편차는 약 10cm인 정규분포라고 알려져 있다. 당신이 내일 만날 여성의 키를 예언한다고 했을 때, 95% 적중시키려면 어느 범위를 예언하면 좋을까?
부등식
$$-1.96 \leq \frac{x-(\quad)}{(\quad)} \leq +1.96$$
을 풀고
(   )cm 이상 (   )cm 이하라고 예언하면 된다.

* 해답은 233쪽

C·O·L·U·M·N 컬럼

예언을 정확히 맞추는 점쟁이의 기술

예전 영화 중에서 다음과 같은 주인공이 등장하는 영화가 있었다. 주인공은 처음 만난 여성에게 "당신의 슬픈 눈을 하고 있어요. 무엇인가 고민이 있군요."하고 말하면서 접근하는 인물로, 영화 속에서 "대부분의 여성이 고민을 갖고 사니까 이렇게 말하면 그냥 넘어오게 돼있어!"라고 하며 이야기를 했다. 그러니까 이 주인공은 여성의 허점을 노리고서 여성의 신뢰를 얻으려 했던 것이다.

그런데 이 주인공과 같은 행동은 많은 점쟁이들의 공통적인 특기인 것 같다. 애초부터 점쟁이에게 상담을 하러 온 사람은 고민이 있는 사람이기 때문에 "고민이 있군요?"라고 말하면 확실히 맞춘 것이 된다. 게다가 옷차림새나 장신구, 손 모양(매끈한 손인지 거친 손인지) 등으로 그 사람의 경제 상태를 짐작할 수 있기 때문에 경험이 풍부한 점쟁이는 상담자에게 어쩌면 100%를 맞추는 예언자처럼 보일 수도 있다.

제8강의에서 통계학이 표준정규분포의 데이터를 100% 맞출 수 있는 방법은 $-\infty$에서 $+\infty$라는 '모든 범위'를 예언하는 것인데, 이것은 비상식적인 일이기 때문에 5%의 틀릴 위험을 걸고 범위를 **-1.96에서 $+1.96$까지로 줄여서 설명**했다. 그러면 점쟁이의 경우는 어떨까?

내 생각에 점쟁이의 경우는 찾아오는 손님이 사람이기 때문에 예언이 맞지 않으면 말을 바꾸고 이야기를 돌려가며 슬쩍 떠보는 것이 가능할 것이다. 점쟁이에게 중요한 것은 '**예언이 얼마나 맞아떨어지는가?**'가 아니라 '**손님에게 예언이 얼마나 맞았다고 믿게 하는가?**'이기 때문이다.

09 강의 가설검정

: 하나의 데이터로 모집단을 추리

1. 통계적 추정이란 부분으로 전체를 추리하는 것

제8강의까지의 공부로 여러분들은 드디어 '통계적 추정'에 대해 공부할 수 있는 수준이 되었다. 이 책은 이 수준까지 빠른 속도로 공부해 오는 것을 목표로 했다. 이제부터 '통계적 추정'에 대한 설명으로 돌입해 보자.

우리들이 어떠한 데이터를 볼 때, 그 뒷면에는 엄청나게 많은 데이터들이 있는데, '그 중에서 하나를 관측하는 것'이라고 생각할 수 있다. 예를 들어, 공장에서 생산된 제품 중에서 불량품이 하나 발견된 경우, '지금까지 생산된 모든 제품 중에 어떤 비율로 섞여있는 불량품 하나를 관측'한 것이라고 생각하는 것이다. 또 몸길이가 10cm인 나비를 본 경우라면 '몸길이가 다양한 나비들 중에서 한 마리의 몸길이를 관측한 것'이라고 가정하는 것이다.

통계적 추정은 일생생활에서 접하는 **엄청나게 많은 데이터 세트 중에서 겨우 몇 개의 데이터를 관측**하는 일에서 출발한다. 이렇게 생각하면 '**관측한 몇 개의 데이터로부터 그 뒷면에 펼쳐져 있는 엄청나게**

많은 모든 데이터에 대해서 무엇을 관측할 수 있을까?'라는 의문이 생기게 된다. 이렇게 '부분으로 전체를 관측하는 것'이 통계학의 묘미라고 할 수 있다(121쪽 컬럼 참조).

관측된 데이터 뒷면에 펼쳐져 있는 모든 데이터를 통계학에서는 '**모집단**'이라고 부른다. 따라서 통계적 추정은 '**관측된 데이터로 모집단을 추리**'하는 것이라고 정리할 수 있다(도표9-1 참조).

▶ 도표 9-1 관측된 데이터로 모집단을 추리한다

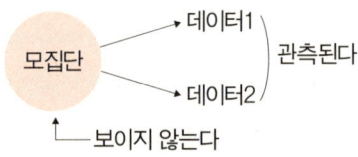

가장 전형적인 예로 '**선거의 출구조사**'를 들 수 있다. 출구조사라는 것은 선거하는 날에 투표소 앞에서 투표를 마친 사람들에게 '누구에게 투표했는지' '어느 당에 투표했는지' 등을 조사하여 방송국이나 신문사가 이 결과를 사용해서 **선거결과를 예측하는 것**이다. 독자 여러분들도 선거 당일 개표가 시작되고 개표율이 아직 몇 %밖에 되지 않았는데 '당선 확실'이라는 결과가 방송 매체에 보도되는 것이 이상하다고 생각했던 경험이 있을 것이다. 이것이 통계학적 추정 기술의 결정이라고 할 수 있다.

선거의 경우, 모집단은 투표를 한 모든 사람들의 투표결과를 말한다. 그런데 관측된 데이터는 '출구조사에서 얻은 투표결과'여서 모집단인 모든 투표자들의 수에 비하면 아주 적은 수에 불과하다. 선거라는 것은 '몇 시간 안에 모든 데이터가 밝혀진다'는 의미에서, 통계학적으로 볼 때 상당히 귀중한 상황 연구법이다. 아주 적은 수의 예외를 제외하면, **출구조사에 따른 예측과 선거의 실제 결과가 아주 정확하게 일치한다**는 것을 여러분들도 알고 있을 것이다.

사실 선거는 하루만 지나면 모집단이 밝혀지기 때문에 통계적 추정을 할 필요가 없는 사안으로, 출구조사는 단순히 방송매체들의 관심끌기용이라고 해도 좋을지 모른다. 그러나 선거가 아닌 대부분의 불확실한 현상은 그 뒷면에 있는 모집단을 모두 관측할 수 있는 경우가 거의 없다. 그래서 관측할 수 있는 데이터로부터 모집단에 대한 어떠한 정보를 얻는 일은 우리들의 생활에서 아주 귀중한 일이라고 할 수 있다.

2. 더욱 정확한 모집단을 추정

그러면 통계학적 추정의 대표라고 할 수 있는 '**검정**'이라는 개념을 근본적으로 생각해보도록 하자. 그 예로써 다음과 같은 문제를 다루어보자.

예제1(자신이 건설회사의 사원이라고 생각하자)

아파트를 분양하기 위해 신문에 광고를 실었다고 가정해보자. 그 뒤, 모델하우스를 둘러보기 원하는 10명의 사람으로부터 문의전화를 받았다. 그런데 모델하우스를 둘러보기 원하는 사람은 확률 1/2로 사전에 문의전화를 한다는 것을 경험적으로 알고 있다. 그렇다면 이번에 모델하우스를 둘러보기 원하는 인원수를 다음과 같이 예상하는 것이 타당한지 타당하지 않은지에 대해 판단해보자.

① 16명 ② 36명

 이러한 문제는 우리들이 많든 적든 일상적으로 경험하는 일이다. 당신이 이 사원의 처지가 된다면 모델하우스를 둘러보기 원하는 인원수를 사전에 추정하는 일은 아주 중요한 일임을 알 것이다. 설명하는 인원을 몇 명 배치해야 할지, 슬리퍼나 차는 얼마나 준비해야 할지 등등 사전에 여러 가지 일을 준비하는 데 도움이 되기 때문이다. 사실 이 문제는 다음과 같은 설정으로 바꿔 말해도 의미는 변하지 않는다.

예제2(동전 버전)

 이상이 없는 N개의 동전으로 던지기 실험을 할 때, 앞면이 10개 나온다고 하는 결과만을 알고 있다고 하면, 던진 개수를 N으로 하여 다음과 같이 예상하는 것이 타당한지 타당하지 않은지에 대해 판단해보자.

① 16개 ② 36개

 실제로,
 동전의 개수 → 모델하우스를 둘러보기 원하는 사람 수

앞면이 나오는 개수 → 전화를 하고 온 사람 수

앞면이 나올 확률 → 모델하우스를 둘러보기 원하는 사람이 사전에 전화를 하고 올 확률

로 바꾸면, 완전히 똑같은 문제라고 할 수 있다. 그리고 이렇게 바꾸는 것이 오히려 문제의 본질을 '통계학적으로' 파악하기 쉽다.

우선 모집단은 'N개의 동전을(무한반복) 던져서 나온 앞면의 개수 데이터'가 된다. 독자 여러분은 머릿속에 0, 1, 2, …, N의 숫자들이 무수하게 쌓이는 연못과 같은 곳을 상상하기 바란다(어떤 숫자이든지 동일한 숫자가 무수하게 쌓이지만, 그 '많음'은 다르다).

'이 중에서 하나의 데이터 10이 현실에서 관측되었다고 할 때, 우리들은 N을 얼마라고 예상하는 것이 타당할까?' 이것이 주어진 문제다.

이때, 추측하려는 N을 모집단이 가진 '**모수(Parameter)**'라고 부른다. 여기에서 모수는 '**예상하는 모집단의 종류**'에 대응하는 것이라고 이해하면 된다.

N=16이라면 16개의 동전을 던져서 앞면이 나오는 개수의 데이터를 모은 모집단, N=36이라면 36개의 동전을 던져서 앞면이 나오는 개수의 데이터를 모은 모집단이라고 하듯이 다른 종류의 모집단이 하나로 고정된다.

다시 말해 모수란, '모집단을 하나로 정하는 것'이며, '실제로는 얼마인지 모르는 추정 대상인' 수치다. 문제는 어떻게 해서 타당한 모수 N을 추정할 것인가 하는 점이다(도표9-2 참조).

> **도표 9-2** 어떻게 해서 모수 N을 추정하는가?

우선, 아주 타당한 추정으로 'N=20'을 생각할 수 있다. 왜냐하면, 동전은 확률 1/2로 앞면이 나오기 때문에 던진 개수의 대략 절반은 앞면이 나올 것이라고 생각할 수 있다. 그래서 앞면이 10개 나온다고 하면 2배인 20개를 던졌을 것이라고 관측할 수 있기 때문이다.

그러나 '대략' 절반이 앞면이라고 생각하면, 딱 절반에서 벗어난 'N=21'이나 'N=19'도 타당하다고 생각할 수 있다. 그러면 **20에서 어디까지 벗어나도 타당하다고 생각할 수 있을까? N=16은 어떨까? 또 N=36은 어떨까?** 이것이 포인트가 된다.

3. 95% 예언적중구간으로 가설의 타당성 판단

'모수 N으로 타당한 수치를 어디까지 허용할 수 있을까'를 생각할 때, 통계학에서는 앞 강의에서 설명한 **'95% 예언적중구간'**의 개념을 이용한다.

우선, 후보 속에 들어있는 'N=16'이 '있을 수 있다'고 할 수 있는지 생각해보자. 다시 말해 'N=16'을 가설로 해서 이것이 타당한 가설인지, 아니면 버려야 할 가설인지를 검토하는 것이다.

여기에서 가령 'N=16', 즉 던진 동전의 개수가 16이라고 하고, 관측된 '앞면의 개수는 10'이라고 하는 것이 이치에 맞는 것인가를 살펴보도록 하자. 이 판단을 하기 위해서는 이렇게 생각하면 된다.

'16개의 동전을 던져서 앞면이 나오는 개수를 예언한다면, 10개는 그 예언의 범위에 들어갈까?'

실제로 N=16의 경우, 앞면이 나오는 개수를 예언할 때의 '95% 예언적중구간'을 만들어보자. 이 경우 앞면이 나오는 개수의 데이터는 근사적으로 평균값 $\mu = \frac{16}{2} = 8$, 표준편차 $\sigma = \frac{\sqrt{16}}{2} = 2$인 정규분포라고 생각할 수 있기 때문에 '95% 예언적중구간'의 부등식 표시는(제8강의 정리④) 다음과 같다.

$$-1.96 \leq \frac{x-8}{2} \leq +1.96$$

을 풀어

$$8-1.96 \times 2 \leq x \leq 8+1.96 \times 2$$

$$4.08 \leq x \leq 11.92$$

로 구할 수 있다(물론, 제8강의 정리②에서 '$(\mu-1.96\sigma)$ 이상 $(\mu+1.96\sigma)$ 이하'의 공식으로 구해도 값은 같다). 즉, 앞면이 나오는 개수는 '4.08개 이상 11.92개 이하'라고 예언할 수 있다.

관측된 앞면이 나오는 개수 10은 이 범위에 들어가는 것이다. 이것은 다음과 같은 내용을 의미한다. 가령, **우리들이 모집단을 모수 N=16이라는 지식을 갖고 있고, 앞면이 나오는 개수를 예측한다면 10은 그 예측의 사정권에 있다**는 말이다.

그렇기 때문에 16개의 동전을 던질(N=16이 모수) 때 앞면이 나오는 개수 10이 관측되어도 이상한 일이 아니며, 예상한 범위 내에 있는 것이다. 그래서 'N=16'이라는 가설은 버릴 수 없는 타당한 가능성이 된다.

이와 같이 가설 'N=36'도 검토해보자.

N=36일 때 앞면이 나오는 개수는 근사적으로 평균값 $\mu = \frac{36}{2} = 18$, 표준편차 $\sigma = \frac{\sqrt{36}}{2} = 3$인 정규분포라고 생각할 수 있다. 그래서 '95% 예언적중구간'은

$$-1.96 \leq \frac{x-18}{3} \leq +1.96$$

을 풀어

$18 - 1.96 \times 3 \leq x \leq 18 + 1.96 \times 3$

$12.12 \leq x \leq 23.88$

로 구할 수 있다. 이번에는 이 예언의 범위가 '**12.12 이상 23.88 이하**'가 되어 현실에서 관측된 10이라는 수가 들어가지 않는다. 만일 모집단의 모수가 N=36이라고 하면 '**우리들이 현실에서 관측된 데이터 10은 예상할 수 없는 예상외의 수치**'라는 말이 된다. 이때 우리들은 두 가지 방법으로 생각할 수 있다.

방법① 모집단에 관한 가설은 바른데 틀릴지도 모른다는 리스크(5%의 확률에서만 일어나는 희귀한 일)가 일어났다.

방법② 모집단에 관한 가설이 바르지 않다.

위의 두 가지 방법 모두 생각할 수 있는데, 통계학에서는 **방법②**를 사

용한다.

애당초 예언적중 범위를 만들 때, 틀릴지도 모른다는 리스크를 각오하고 진행한 것이기 때문에 여기에서도 일관된 태도를 취하는 것이다. 이때는 가설 'N=36'을 타당하지 않다고 보고 버린다. 이것을 통계학의 전문용어로 '**가설을 기각한다**'고 말한다.

그러면 이것으로 문제의 답을 구할 수 있다. N=16은 타당한 가설로 채택한다(기각하지 않는다). 그리고 가설 N=36은 기각한다. 이것을 도표로 설명하면 도표9-3과 같다.

▶ **도표 9-3** 타당한 가설인가 아닌가, 95% 예언적중구간으로 검증한다

16개의 동전을 던질(N=16) 때

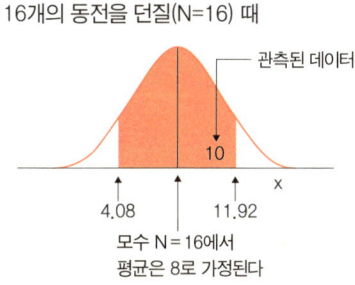

95% 예언적중구간에 관측된 데이터가 들어 있기 때문에 가설을 채택한다

36개의 동전을 던질(N=36) 때

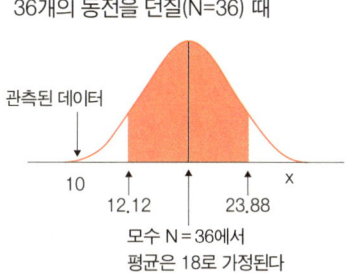

95% 예언적중구간에 관측된 데이터가 들어 있지 않기 때문에 가설을 기각한다

다음이 예제의 답이다.

예제 1 건설회사 문제의 답 : **16명은 예상하지만, 36명은 예상할 수 없다.**

예제 2 동전 개수 문제의 답 : **16개는 예상하지만, 36개는 예상할**

수 없다.

이것은 통계학에서 '**가설검정**'이라고 불리는 방법론이다. 여기에서는 이 방법론의 개념 부분만을 상당히 대략적으로 설명했다. 그러나 가설검증을 간단하게 이용하려고 한다면, 지금 대략적이라고는 했지만 **이것을 이해하는 것만으로도 충분**하다는 점은 분명하다.

> **제9강의 | 정리**
>
> **가설검정의 개념**
>
> 정규분포 하고 있는(또는 정규분포에 가까운) 모집단의 모수에서 그 모수가 어떤 수치인지를 추측하는 가설검정은 다음과 같이 계산하면 된다. 그 모수의 모집단이 정규분포하고, 그 평균값을 μ, 표준편차를 σ로 했을 때, 관측된 데이터 x에 대한 부등식
>
> $$-1.96 \leq \frac{x-\mu}{\sigma} \leq +1.96$$
>
> 이 **성립하면 가설을 채택**한다(기각하지 않는다). 그리고 **성립하지 않으면 가설을 기각**한다.

+ 연 습 문 제

N개의 동전을 던져서 앞면이 57개 나왔을 때 가설 N=100개가 기각되는가 아닌가를 계산하여 답하시오.

N개의 동전을 던졌을 때는 데이터가 평균 $\frac{N}{2}$, 표준편차 $\frac{\sqrt{N}}{2}$인 정규분포에 가깝기 때문에 N=100이라고 가정하면, 앞면이 나올 개수는

평균 (　　)÷2=(　　)개, 표준편차 (　　)÷2=(　　)개인 정규분포에 가깝다
그래서 앞면이 나올 개수 x의 95% 예언적중구간을 구하면

$$-1.96 \leq \frac{x-(\quad)}{(\quad)} \leq +1.96$$

(　　)≦x-(　　)≦(　　)

(　　)≦x≦(　　)

이(가) 된다. 이 범위에 x=57은 (들어가기, 들어가지 않기) 때문에, N=100이라는 가능성은 (기각된다, 기각되지 않는다).

*해답은 233쪽

COLUMN

통계적 검정의 획기적인 점과 한계

통계적 추론이라는 것은 20세기가 되어 처음으로 확립된 기술로, 이것은 인류가 기다리던 방법론이라고 해도 좋을 것이다. 왜냐하면, 이것은 '**부분적인 사실로 전체를 추론한다**'는 '**귀납적 추론**'이기 때문이다.

인간의 추론 방법은 크게 분류하면 '**연역법**'과 '**귀납법**' 두 종류가 있다. 연역법은 '전체로 부분을 추론하는 방법'이다. 예를 들면, '모든 인간은 반드시 죽는다, 그렇기 때문에 나도 죽는다'라고 추론하는 방법이다. '**모든**'에서 성립되는 것은 '**각각**'에서도 성립한다는 것으로 아주 당연한 추론 방법이다. 이것만으로는 **의심할 여지가 없는 내용이지만, 놀랄 만한 결론을 도출하기는 어렵다**는 한계도 갖고 있다.

이에 비해서 귀납법은 '어제까지 계속 몇 천 년에 걸쳐서 태양은 떠올랐다. 그렇기 때문에 내일부터도 계속 태양은 떠오를 것이다'라는 '**부분에서 전체**'라는 형식으로 추론하는 방법이다. 이 귀납법은 우리들이 일상적으로 하는 추론에 자주 나타나는 것으로, **자연스럽지만 '반드시 옳다'고는 말할 수 없는**, 틀리는 경우가 많은 추론법이다.

수리적인 과학에서의 추론은 지금까지 계속 연역법이 중심이었다. 그런데 20세기가 되고서 통계학이 귀납적인 추론을 '수리 과학으로' 구축

하는 데 성공했다. 이것은 획기적인 성과라고 해도 좋을 것이다.

이 9강의에서 설명한 '검정'의 발상은 '각각의 부분적인 데이터'를 사용하여 '모집단이라는 전체' 중 무엇인가를 추론하는 것이었다. 이때 5%의 틀릴 가능성을 넣어서 귀납적인 방법론이라고 평가할 수 있다. 다만, 이 통계학적 검정을 이용할 때 항상 의식해야 하는 것은 그 결론이 '**소극적**'**으로 밖에 평가할 수 없다**는 점이다. 제9강의에서 설명한 내용을 주의 깊게 다시 읽어보면 알 수 있겠지만, 검정의 결론이라는 것은 '기각한다'고 할 때는 강하게 주장할 수 있지만, '채택할' 때는 단순히 '기각할 수 없다'는 것을 의미하는 데 불과하기 때문에 그렇다.

즉, 통계적 추론은(사용하는 방법 나름이지만) '**부정**'**에만 강하게 사용할 수 있는데**, '긍정'으로 사용하는 것은 타당하지 않다고 하는 것과 구별할 필요가 있기 때문이다. 동전 개수로 예를 들면, N=36의 가능성을 기각할 때는(가설이 바르다면 5% 이하의 확률에서만 일어나는 희귀한 일이 일어난다는 의미로) '우선 없을 것이다'라고 강하게 주장할 수 있지만, N=16을 채택할 때는 '그 가능성을 기각할 수 있는 적극적인 요인은 없다'는 정도의 소극적인 결론이라는 말이다.

이 **한계**를 잘 이해한다면, 통계적 추론은 인류에게 가장 새로우면서 가장 효율적인 추론 방법을 약속해줄 것이다.

10강의 구간추정

: 95% 적중하는 신뢰구간 찾기

1. 예언적중구간을 추정에 역이용

앞 강의에서는 95% 예언적중구간을 이용해서 모집단(의 모수)에 관한 가설의 타당성을 평가하는 '검정'이라는 방법론을 설명했다. 다시 한 번 짧게 설명하자면, '가설을 바탕으로 하여 모집단에서 나오는 데이터를 95% 예언적중구간에서 예언한다고 하면, 현실에서 관측된 데이터가 예언에 들어가 있는가'를 계산하고, 들어가 있지 않다면 가설을 버리고(기각하고), 들어 있다면 가설을 가능성으로 둔다(기각하지 않는다)는 내용이었다.

이 가설의 평가법을 모든 모수 각각에 대해서 실행하면, '버릴 수 없는 가능성으로 두어야 하는 모수의 집합'이 확정될 것이다. 이 모수의 집합을 '가능한 모집단의 모수로 추정되는 구간'으로 보는 것은 아주 자연스러운 일이다. 이렇게 '있을 수 있는 모수가 들어있는 구간'을 '**95% 신뢰구간**'이라고 하며, 모수를 이러한 구간에서 추정하는 것을 '**구간추정**'이라고 한다. 이렇게 설명한다면 추상적인 설명에 그치기 때문에 앞 강의에서 다룬 동전의 개수 N의 추정 예제를 사용해서 구체적으로 알아보자.

앞 강의에서의 문제를 구간추정을 위한 문제로 바꾸면 다음과 같이 된다.

예제1(동전 버전 2)

N개의 동전을 던지는 실험을 하여 앞면이 10개 나왔다는 결과만을 알고 있다고 하면, 던진 개수를 N이라고 생각할 수 있는 것은 몇 개에서 몇 개까지일까?

앞 강의에서 '16개는 이 범위에 들어가지만 36개는 들어가지 않는다'는 것이 밝혀졌다. 이 방법(가설검정)은 다음과 같다.

동전 개수의 가설검정

모수 N에 대하여 N개의 동전을 던져서 앞면이 나오는 개수의 데이터를 모집단으로 하면, 이것은 정규분포를 따르며 평균값은 $\mu = \dfrac{N}{2}$, 표준편차 $\sigma = \dfrac{\sqrt{N}}{2}$이다. 이때 z를 $z = \dfrac{10 - \mu}{\sigma}$로 계산하여 부등식 $-1.96 \leq z \leq +1.96$이 성립하는 N은 기각하지 않는다(채택한다). 그러나 성립하지 않는 N은 기각한다.

이 설정 방법을 16과 36만이 아니라 모든 N을 대상으로 계산하여 기각한 것을 제외하면, 모집단의 N으로 타당한 모든 수치가 남게 된다. 이것은 2차 부등식을 풀어서 산출할 수 있지만, 여기에서는 컴퓨터 계산프로그램인 엑셀을 사용해서 산출해보겠다. 그것이 도표10-1이다.

도표10-1을 보면 알 수 있듯이 N이 12개 이하인 z는 부등식을 성립시키지 않으며, 또한 31개 이상의 z도 부등식을 성립시키지 않기 때문에, 이러한 N은 모집단으로서 타당하지 않아서 기각한다. 그래서 남은 N은 '13≤N≤30'이며, 이것을 'N의 95% 신뢰구간'으로 부르고, 'N에 대한 구간추정'의 결과가 된다. 이것을 정리하면,

'**N개의 동전을 던져서 10개가 앞면이 될 때, N의 95% 신뢰구간은 13≤N≤30**'

> **도표 10-1** 동전의 개수 N의 구간추정

N	z	
12	2.309401	← -1.96≤z≤+1.96에 들어가지 않는다
13	1.941451	
14	1.603567	
15	1.290994	
16	1	
17	0.727607	
18	0.471405	
19	0.229416	
20	0	-1.96≤z≤+1.96에 들어간다
21	−0.21822	
22	−0.4264	
23	−0.62554	N의 95% 신뢰구간은
24	−0.8165	13≤N≤30으로 추정할 수 있다
25	−1	
26	−1.1767	
27	−1.34715	
28	−1.51186	
29	−1.67126	
30	−1.82574	
31	−1.97566	← -1.96≤z≤+1.96에 들어가지 않는다
32	−2.12132	

2. 신뢰구간 '95%'가 의미하는 것

'95% 신뢰구간'이라고 할 때 '95%'라는 확률의 의미를 제대로 이해하는 것이 아주 중요하다.

'95% 예언적중구간'일 때 95%라는 것은 분명히 '95%의 데이터가 그 구간에 들어가 있다'는 것을 의미한다고 설명했다. 그렇기 때문에 '다음에 관측하는 데이터는 95%의 확률로 그 구간에 들어간다'고 생각하면 맞는 말이었다.

그러나 신뢰구간의 경우는 그렇지 않다. '앞면이 나온 개수가 10개로 관측될 때, 모수 N이 95%의 확률로 이 13≦N≦30의 범위에 들어간다'는 의미가 아니다.

애초에 N은 '불확실하게 앞으로 결정될 것'이 아니라 **이미 확정된 것이지만, 모르는 것**'이다. 그리고 도표10-1을 한 번 더 주의 깊게 보면 알 수 있듯이 '**N이 다르면 모집단은 다르다.**'

우리들이 다루는 불확실한 현상이란 '고정된 모집단으로부터 어느 데이터가 관측되는가'라는 것이었다. 이때 결정된 일정한 구조로 확률적인 수치가 나오는 것은 **모수 N이 아니라, 어디까지나 관측되는 수치 (이번 예에서는 앞면이 나오는 개수인 10)**다. 엄밀하게 말하면 다음과 같이 된다.

일단 관측값 10을 의식하지 말고, 관측값을 일반적인 x라고 해보자. 동전을 N개 던져서 x개가 앞면이 된 경우, 이 x와 $\mu = \frac{N}{2}$, $\sigma = \frac{\sqrt{N}}{2}$로부터 $z = \frac{x-\mu}{\sigma}$로 계산한 z가 부등식 $-1.96 \leq z \leq 1.96$을 만족할 확률은(예언적중구간의 논의로) 0.95다.

즉, x를 관측하고 그 x에서 z를 계산하여 N을 기각해 가는 작업을 한 경우, 정말 올바른 개수 N이 남을 확률은 **각각의 관측값 x에 대해서 모두 0.95가 될 것**이다. 그래서 (10을 한 예로 한다) 어떤 관측값 x가 나온 경우에도 이 방법에서 N을 추정해 가는 과정을 반복한다면, **그 중 95%의 추정 결과는 맞다는 것**이 올바른 해석이다. 다시 말해 95%라는 것은 '구간 $13 \leq N \leq 30$에 정말 N으로 가능한 것이 95%로 들어간다'는 추정이 아니라 '**구간추정이라는 과정을 계속 실행하면, 관측값에 대응하는 여러 구간을 구할 수 있지만, 그 100번 중 95번은 N이 구해지는 구간에 들어간다**'는 추정이며, 그 %가 된다.

3. 표준편차를 아는 정규모집단의 평균값에 대한 구간추정

지금까지 동전을 예로 든 구간추정은 이해하기 쉽도록 도입편으로 선택한 것이지만, 정규분포를 사용하는 검정이나 구간추정에서는 상당히 특수한 사례다. 그렇기 때문에 이번 강의에서는 정규분포의 구간추정에서 볼 때 아주 일반적인 사례를 들어 설명해보도록 하겠다.

일반적인 사례는,

'**모집단이 정규분포인 것을 알고 있으며, 표준편차(σ)는 알고 있지

만, 평균값(μ)을 모를 때, 관측된 데이터로부터 μ를 구간추정 한다'
는 유형이다.

여기에서 '표준편차는 알고 있다'는 것이 앞뒤가 맞지 않는 가정이라고 느끼는 독자가 많을 것이라고 생각된다. 정규분포라는 것을 알고, 표준편차를 알고 있는데 평균값만 모른다는 것은 정말 이해할 수 없다고 할 수도 있을 것이다. 사실, '표준편차도 모른다' 또는 더 나아가 '정규분포인지도 모른다'는 상황에서 추론하는 것이야 말로 진정한 추론이라고 할 수 있다. 물론, 이러한 상황에서도 추정은 가능하며, 이것이야 말로 이 책의 최종 목표다. 그런데 그 방법론에 도달하기까지는 아직 긴 여정이 남아있다.

그래도 우리들이 조금 부자연스럽다고 느낄 수는 있지만, 지금까지 쌓은 지식 정도로도 이러한 문제를 해결할 수 있는 단계에 와 있다. 이런 생각의 근본은 일반화를 시켰을 때도 통하는 것으로, 여기에서 예고편 같이 방법론을 설명하는 것도 손해 볼 일은 아니라고 생각한다. 그래서 이러한 것을 사전에 설명한 것이다. 그러면 다음의 예제2를 읽어보기 바란다.

예제2 온도 측정

별로 정확하지 않은 온도계로 액체의 온도를 측정한다고 해보자. 측정된 데이터는 실제로 온도 μ를 평균으로 하고 표준편차 5℃의 정규분포를 한다. 지금 측정된 온도는 20℃다. 실제 온도를 95% 신뢰구간에서 구간추정 하시오.

이것은 역시 앞에서 설명한 '모집단이 정규분포라는 사실을 알고 있고, 그 표준편차는 알며 이러한 것을 바탕으로 관측한 데이터에서 모집단의 평균값을 추정하려고 한다'는 형식의 문제에 해당한다.

앞에서는 '앞뒤가 맞지 않는 가정'이라고 했지만, 이러한 형식의 문제일 경우에는 그렇게 이상한 가정이라고는 할 수 없다. 왜냐하면, **기계나 눈에 의한 측정값의 데이터는 '실제 값'을 평균값으로 하는 정규분포를 한다는 사실이 알려져 있다.** 애당초 정규분포 식을 발견한 수학자 가우스는 천문대 소장을 역임하고 있을 당시, 천체 관측의 오차를 조사하여 이 분포를 발견했다고 할 정도다.

즉, 모집단이 (무한개의) 관측값의 데이터 집합일 경우,

평균값→실제 값

표준편차→측정한 정확도

로 대응시켜서 생각할 수 있으며, 측정 기계에 각각의 **고유한 정확도= 표준편차가 알려져 있는 것은 이상하지 않다.** 실제 온도 μ를 구간추정하기 위해서는 도표10-2와 같이 생각하면 된다.

> **도표 10-2** 정규분포 평균값의 구간추정

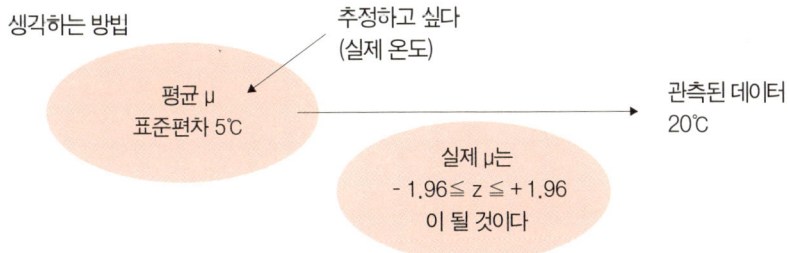

우선, 추정하고 싶은 실제 온도=모집단의 평균값을 μ라고 하자. 모집단의 표준편차는 미리 $\sigma=5$라고 알고 있다.

그래서 $z=(x-\mu)\div\sigma$ 식을 바탕에 두고, 관측값 20을 $z = \dfrac{20-\mu}{\sigma} = \dfrac{20-\mu}{5}$로 만들면, 이 z는 표준정규분포 하는 데이터의 1개를 관측한다고 가정할 수 있다. 이때 z가 '$-1.96 \leq z \leq +1.96$'을 만족시키는 경우에 이 μ를 가진 모집단을 '있을 수 있는 모집단'으로 남긴다. 이것이 '구간추정'을 생각하는 방법이다. 이 부등식을 풀면 다음과 같이 된다.

μ가 기각되지 않는 경우

→ μ가 $-1.96 \leq \dfrac{20-\mu}{5} \leq +1.96$을 만족한다

→ μ가 $-9.8 \leq 20-\mu \leq +9.8$을 만족한다(세 곳에 5를 곱했다)

→ μ가 $-29.8 \leq -\mu \leq -10.2$를 만족한다(세 곳에서 20을 뺐다)

→ μ가 $29.8 \geq \mu \geq 10.2$를 만족한다(세 곳에 -1을 곱했다. 부등호가 반대로 바뀌는 것에 주의)

이와 같이 1차 부등식을 푸는 작업으로 '$10.2 \leq \mu \leq 29.8$'의 범위에서 μ가 기각되지 않고, 모집단의 μ로 타당한 것으로 남는 것을 알았다.

즉, 실제 온도 μ의 95% 신뢰구간은 '$10.2 \leq \mu \leq 29.8$'가 된다.

제10강의 | 정리

① **구간추정**이란, 모집단의 모수(Parameter)를 가정했을 때 관측된 데이터의 '**95% 예언적중구간**'에 현실적으로 관측된 데이터가 들어 있을 모수만을 모으는 **추정 방법**이다. 구간추정으로 정해진 모수의 범위는 '**95% 신뢰구간**'이다.

② 구간추정으로 구해진 **구간**은 앞 강의에서 '**검정**'의 작업을 모든 모수에 실행하여 **기각되지 않고 남은 것을 모은 것**이 된다.

③ **정규모집단에 대한 표준편차 σ를 이미 알고 있을 때, 모르는 평균값 μ를 구간추정 하는 방법**

관측된 데이터 x를 사용하여 μ에 관한 1차 부등식

$$-1.96 \leq \frac{x-\mu}{\sigma} \leq +1.96$$ 을 풀고

'$* \leq \mu \leq *$'이라는 형태가 되면 된다.

④ **95% 신뢰구간**이란, 다양한 관측값에서 같은 방법으로 구간추정을 하면 그 중의 **95%**는 바른 모수를 포함하고 있는 **구간**을 말한다.

+ 연 | 습 | 문 | 제

혈압검사는 검사하는 사람의 습관이나 청각에 따라서 어느 정도 다르다는 것이 알려져 있다. 지금 혈압검사로 자신의 혈압을 재려고 할 때 혈압을 x라고 하면, x는 실제 압력 μ를 평균으로 하고, 표준편차는 6이며 정규분포를 하는 것으로 한다. 이 때 측정된 혈압이 130이라고 한다면 당신의 실제 혈압 μ는 어느 범위라고 추정하면 좋겠는가? 그 범위를 95% 신뢰구간으로 구해보시오.

$$-1.96 \leq \frac{()-\mu}{()} \leq +1.96$$

을 풀면

( ) ≦ ( ) - μ ≦ ( )

( ) ≦ μ ≦ ( )

이것이 μ의 95% 신뢰구간이다.

* 해답은 233쪽

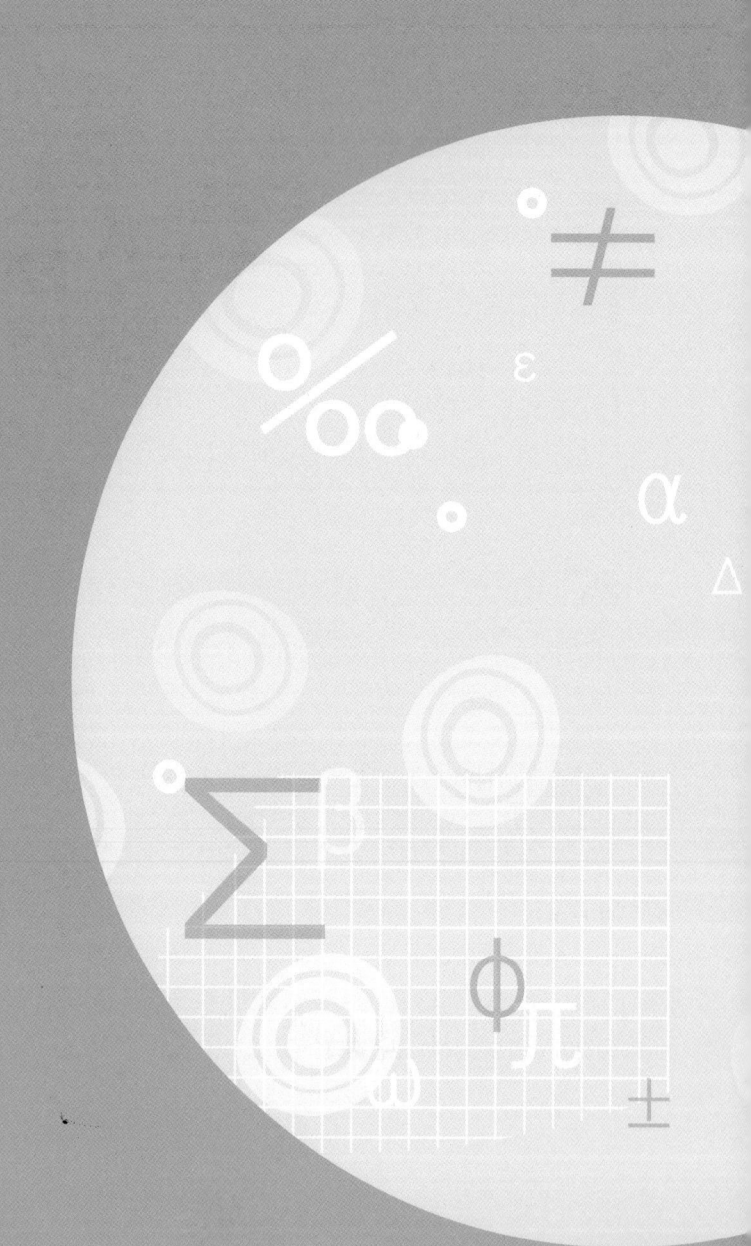

제2부

관측 데이터 뒷면에 펼쳐져 있는 거대한 세계를 추측한다

제1부 처음에서는 데이터를 축약하는 방법을 소개했다. '축약'이라는 것은 데이터가 가진 특징을 드러내기 위한 방법이다. 또 축약이라는 표현법으로 도수분포표나 히스토그램이라는 도표를 통한 표현과 평균값이나 표준편차라는 수치를 통한 표현을 소개했다.

그 뒤, 정규분포 하는 데이터 분포의 특징을 히스토그램이나 평균값, 표준편차의 양면에서 해설하고 그 응용으로 정규모집단에 대한 '통계적 검정'과 '구간추정'의 방법을 아주 큰 테두리 안에서 설명했다.

그런데 제1부에서는 데이터 처리 기본에서 통계적 추정 기본까지 아주 빠른 속도로 달려가는 것을 목표로 하여 간단하면서 알기 쉽도록 하는 것을 우선시했기 때문에 자세한 설명이 되지 않은 부분도 있었다. 그래서 제2부에서는 조금 더 자세히 구간추정을 설명하도록 하겠다. 이 부분에서는 조금 더 자세한 설명을 하기 때문에 조금 생각하기 귀찮아지는 부분들이 있다는 점을 각오해야 한다. 이것을 이해하면 카이제곱분포나 t분포에 관한 구간추정까지 알 수 있게 되어 통계학에서 가장 중요한 부분에 도달할 수 있게 된다.

그렇지만 제1부에서의 대략적인 예고편을 읽고 '예습'을 마친 독자들에게는 지금까지와 같거나 이것보다 더 높은 장애물은 없어졌을 것이다. 이제 마음 놓고 읽어 나가길 바란다.

모집단과 통계적 추정

: '부분'으로 '전체'를 추론

1. 모집단은 가상의 항아리

제1부에서도 해설한 '**모집단**'은 아주 중요하기 때문에 여기에서 다시 한 번 살펴보기로 하자.

우리는 같은 불확실한 현상이 제각각인 수로 나타나는 상태를 데이터라는 형태로 관측한다. 예를 들어, 같은 종류의 나비라도 몸길이는 제각각 다른 수치로 관측된다. 또한 선거에서 유권자들은 각자가 투표하고 싶은 사람에게 투표한다. 게다가 동전을 36번 던지면 앞면이 나올 개수는 0개부터 36개까지 다양하다. 더 예를 들자면, 같은 가게의 하루 매출액은 하루하루가 다르며, 주가의 평균도 등락을 반복한다.

여기에서 이렇게 한 번 상상해보자. 어떤 항아리 같은 것이 있어서 같은 현상의 데이터는 모두 같은 항아리에서 나온다고 말이다. 이 가상의 항아리를 '모집단'이라고 한다. 나비의 몸길이 데이터는 나비의 몸길이 수치가 담긴 항아리에서 나오고, 가게의 매출액 데이터는 가게의 매출액 수치가 담긴 항아리에서 나온다고 간주하는 것이다.

선거의 경우에는 항아리 그 자체가 '개표소 전체'라고 상상하면 이해하기 쉬울 것이다. 어떤 사람이 누군가에게 투표한 것은 개표소 중에 있는 어느 한 투표용지에서 관측할 수 있는 것과 완전히 같은 것이기 때문이다. 한 선거에서의 모든 데이터는(기권도 포함하면) 유권자 수와 일치하여 유한한 수가 되기 때문에, 이런 모집단을 '**유한모집단**'이라고 부른다.

이에 비해서 나비의 몸길이는 이 세상에 있는 모든 나비의 몸길이를 모두 계측하여, 그 결과를 무한하게 써 놓은 종이들을 항아리에 넣었다고 생각하면, 무한개의 데이터 수가 되기 때문에 '**무한모집단**'이라고 부른다. 동전 던지기도 36개의 동전 던지기를 무한히 하여 앞면이 나오는 개수의 모든 데이터를 항아리에 넣는다고 생각하면(0에서부터 36까지 37종류의 숫자가 각각 무한개씩 들어가게 된다), 이것도 무한모집단이 된다. 가게의 매출액이나 주식시장의 주가평균도 무한히 거래가 이루어진다고 생각하면, 이것 역시 무한모집단으로 다룰 수 있다.

이 책에서는 일반성을 생각해서 유한모집단을 다루지 않고, **무한모집단만을 다룬다**(선거를 예로 든 경우라도 무한모집단이라고 간주하고 읽어 주길 바란다).

통계적 추정의 목표는 이 (무한)모집단 중에서 나오는 몇 가지의 데이터를 가지고 모집단 전체에 대해 어떠한 추측을 하는 일이다. 제1부에서도 설명한 것처럼 이것은 '**부분으로 전체를 추론**'하는 것이 된다. 신중한 독자라면 어떻게 이러한 일이 가능할까 하고 이상하게 생각할 지도 모르겠다.

그러나 우리의 일상생활을 잘 들여다보면, 이러한 일은 평소에도 일어나고 있다. 예를 들어서 다음과 같은 경우도 해당될 것이다. 된장국을 끓일 때, 국물 맛이 좋은지 아닌지를 판정하게 되는데, 물론 끓인 된장국 전부를 먹어보면 확실히 알 수 있지만, 이것은 맛을 본다는 의미가 아니다. 여기에서는 한 숟가락 떠먹어 보고 그것으로 맛있으면 괜찮다고 판정하는 것이다. 즉, **부분으로 전체를 판단하는 것**이다.

한 숟가락 맛을 보고서 그 맛에 따라서 대략적으로 재료를 추가하여 맛을 더 냄으로써 맛있는 음식을 만들 수 있는 이유는 무엇일까? 그렇다. '**된장국을 잘 저어 양념과 재료가 골고루 섞였다면 한 숟가락이 전체의 맛을 반영한다**'고 생각하기 때문이다.

통계적 추정도 이와 같은 것이다. 모집단이라는 가상의 어떤 항아리에서 나오는 데이터가 누군가에 의해서 자의적으로 조정된 것이 아니라 **모집단 전체의 상태를 반영한 결과라면** 부분으로 전체를 판단하는 것은 된장국을 맛보는 경우와 같다.

다만, 된장국을 맛볼 경우에도 우연히 '조금 진한 맛'을 내는 부분을 떠서 먹을 경우나 '조금 약한 맛'을 내는 부분을 떠서 먹을 경우도 있을 것이라고 생각할 수 있기 때문에, 된장국 전체의 맛은 한 숟가락 맛을 볼 때의 맛과 **조금은 다를 가능성이 있다는 점을 고려해야 한다**. 이와 같이 통계적 추정에서도 모집단의 추정은 '100% 적중'하는 것이 아니라 얼마만큼은 틀릴 것이라고 생각해야 한다.

2. 랜덤 샘플링과 모평균

우리는 앞에서 모집단을 항아리와 같은 것이라고 생각하기로 했다. 그 항아리의 중심 내용을 조금 더 자세히 이야기해보도록 하자.

(무한)모집단의 한 예가 도표11-1에 있다. 데이터 수치는 ①, ⑤, ⑨의 3종류밖에 없지만, 각각의 데이터는 항아리 속에 무수히 많이 들어 있다.

다음과 같이 생각해보자. 항아리 안에는 '데이터 ①이 무수히 헤엄치는 연못', '데이터 ⑤가 무수히 헤엄치는 연못', '데이터 ⑨가 무수히 헤엄치는 연못' 등 3종류의 연못이 있다고 생각해보자. 연못의 크기(넓이)는 각기 달라서 0.6, 0.3, 0.1의 면적을 갖고 있다고 가정한다(이후, 모집단 중에 '연못'의 면적은 이와 같이 **모두 합하면 1이 되도록** 반드시 설정한다). 연못의 넓이 차이는 **모집단이라는 항아리에서 각 데이터가 어느 정도로 쉽게 나오느냐에 대한 차이**라고 생각하기 바란다. 이 모집단의 경우, 관측되는 데이터는 ①이나 ⑤ 또는 ⑨ 중 어느 하나가 되겠지만, 관측되는 상대도수는 연못의 넓이(면적)가 되어 0.6, 0.3, 0.1이 될 것이다.

즉, 관측되는 숫자 ①은 숫자 ⑨의 **6배가 되기 쉽고**, 관측되는 숫자 ⑤는 숫자 ⑨의 **3배가 되기 쉽다**는 말이다.

> **도표 11-1 모집단과 랜덤 샘플링**

모집단의 구조(무한모집단)

모집단을 이렇게 느끼고 생각하자

· 무수한 숫자가 연못에서 헤엄치고 있다

· 같은 숫자는 같은 연못에서 헤엄치고 있다

· 연못에는 면적의 차이가 있다
  (더하면 1이 되는 소수로 된 면적)

· 어떤 연못에서 숫자를 하나씩 낚아 올려
  데이터(표본)로 꺼낸다

· 어떤 연못에서 나오는가는 연못 면적에
  비례한다

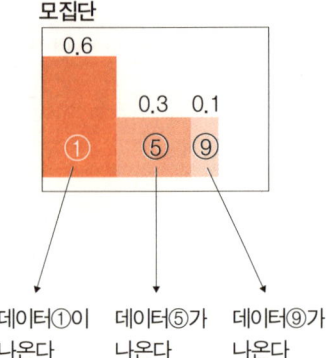

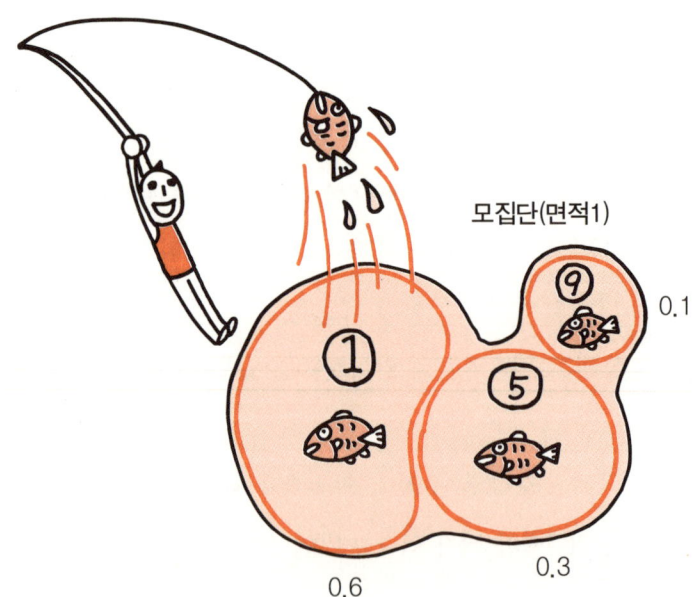

사실 이것은 의심할 여지가 없는 것이라고 설명하기 위해서는 '확률'이란 표현을 사용해야만 한다. 다시 말해 ①, ⑤, ⑨가 관측될 확률은 각각 0.6, 0.3, 0.1이며, 이것이 매번 각각의 확률에 따라서 독립시행(다른 관측값이 나오는 데 영향을 주지 않는 것)으로 나타나는 것을 말하는 것이다.

그러나 제0강의에서 이미 언급했듯이 이 책에서는 확률을 다루지 않고 데이터의 분포만을 다루기로 했기 때문에 여기서는 상세한 설명을 생략한다.

이때, '관측된 상대도수가 0.6, 0.3, 0.1'이라는 것은 무엇을 말하는가 하면, '**이 모집단에서 충분할 정도로 많이 반복해서 데이터 관측을 실행해 히스토그램을 작성하면, 히스토그램은 거의 모집단과 일치한다**'는 의미다. 즉, **현실에서 관측되는 데이터의 상대도수는 항아리 속 연못 넓이에 그대로 반영된다**는 말이다. 이러한 가정을 '**랜덤 샘플링(무작위 추출)의 가정**'이라고 한다(도표11-2 참조).

그러면 '**관측을 충분히 많이 하면 모집단의 모습을 상당히 선명하게 파악할 수 있다**'고 가정할 수 있다. 이것이 정말 맞는 말이라는 것은 확률이론이 수학적으로 보증해주지만, 이 책에서는 다루지 않는다. 이제부터 우리가 목표로 하는 것은 '**그 정도로 많은 관측을 하지 않고도 모집단의 모습을 추측한다**'는 것이다.

우선, 이 가정을 이용해서 '**모집단의 평균값**'을 정의할 수 있게 되었다. 다시 한 번 제2강의에서 설명한 '히스토그램으로 평균값을 계산'하는 방법을 떠올려보자. 그 계산은

> 도표 11-2 랜덤 샘플링과 관측 데이터의 히스토그램

데이터를 많이 관측하면 모집단에 아주 가까운 히스토그램을 그릴 수 있다

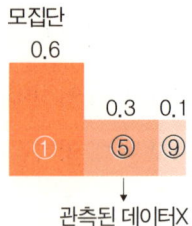

무한에 가까운 대량의 데이터를 추출하여 관측하면 데이터의 상대도수는 연못의 면적과 거의 같아진다. 따라서 모집단의 히스토그램과 같아진다고 생각해도 좋다

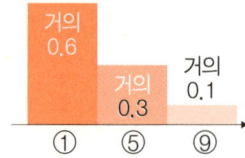

평균값=(계급값×상대도수)의 합계

이기 때문에 이 모집단의 평균값은 충분히 반복해서 관측했을 때의 히스토그램으로부터

평균값=(1×0.6)+(5×0.3)+(9×0.1)=3

으로 계산할 수 있다. 이 계산은

(모집단에 존재하는 수치)×(이것이 헤엄치는 연못의 넓이)의 합계

와 같은 것이 된다는 것을 바로 알 수 있을 것이다.

이러한 모집단의 평균값을 '모평균'이라고 부른다. 모평균을 일반적으로 나타낼 때는 μ(뮤)를 사용한다.

제2강의의 해설을 통해 알 수 있듯이, 모평균 μ를 앎으로써 '모집단의 모든 데이터는 대략 그 μ의 주변에 분포하는 것'이라는 사실을 알 수

있다. 즉, 모집단 항아리 속에서 헤엄치는 데이터가 대략 어느 정도의 수준인지를 알 수 있다.

그런데 지금 모평균을 구하는 과정을 봐서 알 수 있듯이 모평균을 직접 구하기 위해서는 모집단에 존재하는 모든 수치를 관측하고, 그 연못의 면적을 알아야 한다. 그러기 위해서는 충분한 횟수로 관측해서 관측 데이터의 히스토그램 분포가 모집단의 분포 모습을 상당히 정확히 재현해내야 한다. 그러나 이러한 것은 실제로는 대부분 불가능하다(선거나 국세조사와 같은 드문 예는 제외).

그래서 필요한 것은 **많이 관측되지 않은 데이터로부터 모평균을 추측하는 방법**이다. 제1부의 마지막에서 그 대략적인 방법론은 이미 설명했으며, 제2부에서는 더욱 자세히 설명하도록 하겠다.

제11강의 | 정리

① 무한모집단에는 각 데이터가 무한개씩 존재하며, 그것들이 '관측되기 쉬운 정도'는 제각각으로 다르다.
② 랜덤 샘플링 가정이라는 것은 '**충분한 횟수로 관측하여 히스토그램을 작성하면 모집단의 분포가 재현된다**'는 가정이다.
③ 모집단의 평균값 μ를 모평균이라고 부르고, 다음의 방법으로 계산한다.
 μ=(데이터 수치×상대도수)의 총합(=데이터의 수치×연못 면적의 총합)

✚ 연습문제

다음과 같은 모집단을 생각해보자.

수치(데이터로 나온 것)	3	5	6	9
상대도수(연못의 면적=추출확률)	0.3	0.3	0.2	0.2

① 이 모집단의 모평균을 구하기 위해서는 수치와 상대도수를 곱하고 모두 합하면 된다.

수치	상대도수	수치×상대도수
3	0.3	
5	0.3	
6	0.2	
9	0.2	
합계		

② 이것으로 모평균 μ는 (　　)이(가) 된다.

③ 또한 이 모집단에서 무한한 수에 가까운 데이터를 추출했을 때의 히스토그램을 다음의 그래프에 그려 넣어라.

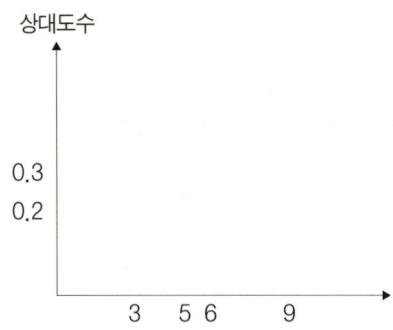

* 해답은 233쪽

모분산과 모표준편차

: 모집단 데이터의 분포 상태를 나타내는 통계량

1. 데이터의 분포 상태를 파악

앞 강의에서는 모집단의 데이터 분포 모습을 파악하기 위한 지표로 모평균을 정의했다. 이것은 모집단이라는 '가상의 항아리'에 무한개를 채운 데이터 수를 그 연못의 넓이(=데이터가 '많음', '진함', '관측도')로 가중평균하여 산출한 것이다. 또한 이것은 실제로 충분한 횟수로 관측하여 만들어진 히스토그램에서 '데이터의 수치와 상대도수를 곱하고 모두 합하여 얻어진 것'과 대략(정확히 말하자면, 관측 횟수를 늘린 극한에서는) 일치한다.

모평균이 μ라고 하는 것은 모집단을 채우는 데이터가 대략 μ 주변에 제각각으로 흩어져 있는 수치임을 의미한다. 그러나 '제각각'이라고는 해도 '어느 정도 제각각인가=**분포한 상태**'를 파악해 두지 않으면 분포의 모습을 파악한다고 말할 수 없으며, 어딘가 자연스럽지 않은 것이 나온다는 것도 제1부에서 설명했다.

이렇게 '**데이터가 μ 주변에 어느 정도의 넓이로 퍼져 있는가**'라든지 'μ에서 멀리 있는 데이터는 어느 정도 떨어진 상태로 나타나는가'를 파악할 수 있는 통계량이 표준편차였다. 그러면 모집단도 이 표준편차를 계산하여 **모집단에 '어떤 식으로 데이터가 채워있는지'**를 더 자세히 알 수 있을 것이다.

여기에서 표준편차의 계산 과정에서 나오는 '편차'와 '분산'을 복습해 보자.

우선 각 데이터에 대한 편차는

편차=(데이터 수치)-(평균값)

이었다. 즉, 평균값을 기준으로 봤을 때, 플러스와 마이너스의 수로 데이터를 변환한 것이다. 그 데이터가 평균값에서 어느 정도 큰가, 또는 작은가를 편차로 알 수 있다. 각 데이터를 이러한 편차로 변환하고 제곱하여 모두 더한 뒤, 데이터 수로 나누면 '분산'을 얻을 수 있다.

분산={(편차의 제곱)의 합}÷(데이터 수)

그리고 마지막에 얻은 분산값에 루트를 씌워 '표준편차'를 얻을 수 있다. 이것은 편차에 관한 '제곱평균'이라는 특수한 평균을 구하는 방법을 사용한 것이다.

표준편차=$\sqrt{분산}$

이 작업을 도수분포표 또는 히스토그램으로 사용하기 위해서는 다음과 같이 계산했던 것도 생각날 것이다(40쪽 참조).

평균값=(계급값×상대도수)의 합계

편차=(데이터 수치)-(평균값)

분산={(편차의 제곱)×상대도수}의 합계

표준편차=$\sqrt{분산}$

2. 모분산과 모표준편차의 계산

모집단 데이터의 표준편차를 '**모표준편차**'라고 부르기로 하자(많은 통계학 책에서는 대부분 사용하지 않는 말이지만, 이름을 붙이는 것이 편리하다고 생각하기 때문에 이 책에서는 이 용어를 사용한다). 이 모표준편차는 σ(시그마)라는 기호로 나타낸다.

그리고 모집단의 분산, 이것은 '**모분산**'이라고 부르지만(이것은 널리 사용되는 용어다), 이것은 루트를 씌우기 전의 수이기 때문에 σ^2이라고 쓴다.

모집단의 데이터와 그 분포(각 연못의 넓이)가 주어진 경우, 모분산 σ^2과 모표준편차 σ를 계산하는 것은 쉬운 일이다. 앞 강의에서 설명한 것과 같이 충분한 횟수로 관측하여 히스토그램을 만들면, 이것은 (연못의 넓이)→(상대도수)로 한 것이 된다는 '랜덤 샘플링의 가정'이 있기 때문이다.

그래서

편차=(데이터 수치)-(모평균 μ)

를 각 데이터로 계산하여

모분산 σ^2={(편차의 제곱)×(연못의 넓이)}의 합계

모표준편차 $\sigma = \sqrt{(\text{모분산}\sigma^2)}$

으로 계산하면 된다.

> 도표 12-1 모분산과 모표준편차

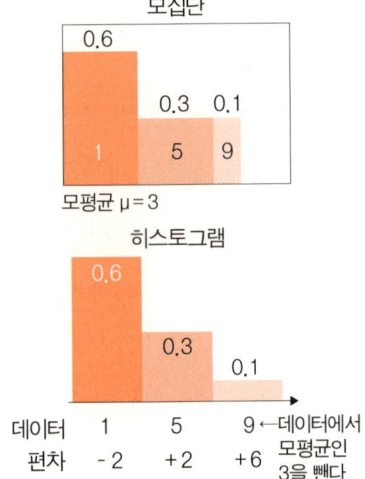

모분산 σ^2과 모표준편자 σ를 구하는 방법

모집단의 평균 μ는
μ = (데이터 값×상대도수)의 합계
　= (1×0.6) + (5×0.3) + (9×0.1) = 3

모분산 σ^2 = {(편차의 제곱)×상대도수}의 합계
　= {$(-2)^2$×0.6} + {$(+2)^2$×0.3} + {$(+6)^2$×0.1}
　= 7.2

모표준편차 $\sigma = \sqrt{7.2}$ = 2.68

　도표11-1에서 다룬 모집단으로 그 모분산과 모표준편차를 구해보자. 이 모집단은 도표12-1과 같이 3종류의 데이터 1, 5, 9가 각각 0.6, 0.3, 0.1의 연못 넓이(='많음', '진함', '관측도')로 채워진 것이다. 이때 충분한 횟수로 데이터를 관측하면, 히스토그램이 완성된다.
　이 평균값은 앞 강의에서 계산한 것과 같이 3이 된다. 그래서 편차는 각 데이터 수치 1, 5, 9로부터 평균값인 3을 빼면 −2, +2, +6이 된다. 이것을 제곱하고 상대도수를 곱하여 모두 더하면

　　모분산 $\sigma^2 = \{(-2)^2 \times 0.6\} + \{(-2)^2 \times 0.3\} + \{(+6))^2 \times 0.1\} = 7.2$

가 되며, 여기에 루트를 하면

　　모표준편차 $\sigma = \sqrt{7.2} = 2.68$

을 구할 수 있다.

> 제12강의 | 정리
>
> ① 모집단의 데이터가 흩어져 있는 상태를 나타내는 통계량이 모표준편차다.
> ② 모표준편차는 다음의 과정으로 구할 수 있다.
>   편차=(데이터 수치)-(모평균 μ)
>   모분산 σ^2={(편차의 제곱)×(연못의 넓이)}의 합계
>   모표준편차 $\sigma = \sqrt{(모분산 \sigma^2)}$

연습문제

모분산 σ^2과 모표준편차 σ를 구하는 연습을 해보자.

다음과 같은 모집단을 생각해보자.

수치(데이터로 나온 것)	11	9	4	1
상대도수(연못의 면적=추출확률)	0.3	0.3	0.2	0.2

① 우선 이 모집단의 모평균 μ를 구하시오.

수치	상대도수	수치×상대도수
11	0.3	
9	0.3	
4	0.2	
1	0.2	
	합계	

이것으로 모평균 μ는 (   )이(가) 된다.

② 다음으로 편차를 구하고, 이것을 제곱하여 상대도수를 곱한 후 합하시오.

수치	편차	편차의 제곱	상대도수	편차의 제곱×상대도수
11			0.3	
9			0.3	
4			0.2	
1			0.2	

③ 이것으로 모분산ㄴ( )이(가) 된다.
또한 모표준편차=$\sigma = \sqrt{()} = ($ $)$이(가) 된다.

* 해답은 234쪽

12강의

강의 13

표본평균 ①

: 여러 데이터의 평균값은 한 데이터의 평균값보다 모평균에 가깝다

1. 관측된 하나의 데이터로 무엇을 말할 수 있는가?

우리가 알고 싶은 것은 불확실한 현상의 원천인 '모집단'이다. 모집단에 어떤 수치가 어떤 상대도수(='연못의 넓이', '진함', '관측도)로 채워져 있는가를 알 수 있다면, 이제부터 관측될 수치에 대해서(이것을 100% 맞출 수 없는 것은 어쩔 수 없지만) 효과적으로 대비할 수 있기 때문이다.

그러나 모집단 수치 전체의 분포 모습을 모두 정확하게 아는 것은 원칙적으로 불가능하다. 분명히 이것은 '랜덤 샘플링의 가정'으로 충분한 횟수의 관측을 하면 분명해지지만, 우리들을 둘러싼 불확실한 현상들을 그렇게 많은 횟수로 관측할 수 없기 때문이다.

하지만 여기에서 하나의 데이터 x가 현실에서 관측되었다고 하면 앞으로 모집단에 대해서 무엇을 말할 수 있을까? '모평균 μ는 이 x와 가까울 것'이라는 정도의 추정은 가능할 것이다. 평균값은 분포 중에서 선택된 대표적인 점(히스토그램에서의 평균값은 지렛대가 균형을 이루는 지점)이기 때문이다.

또한 만일 모표준편차 σ를 어떠한 이유로 알게 되었다면, 모평균 μ에 대해서 더욱 자세히 추정할 수 있을 것이다.

도표13-1을 보면, 제1부에서 설명했듯이 '많은 데이터는 평균값에서 표준편차의 2배 이내의 범위에 있다'고 생각할 수 있다(63쪽 참조). 그래서 '데이터 x는 μ에서 $\sigma \times 2$ 정도 이내에 떨어져 있을 것'이라고 대략적으로 생각할 수 있다. 반대로 말하면 x에서 **$\sigma \times 2$ 정도 이내의 범위에 μ가 존재할 거라고 보는 것이다. 이것은 모집단이 정규분포 하는 경우에는 설득력이 있는 생각이다.**

이 성질을 이용해서 통계적 검정이나 구간추정이 가능함을 제1부에서 설명했다. 또한 정규분포가 아닌 일반적인 분포도 $\sigma \times 2$를 $\sigma \times k$라는 식으로 바꾸고, k를 잘 선택하면 큰 설득력이 뒷받침된다는 것을 수학자들이 나타냈다(구체적으로 일반적으로는 μ에서 $\sigma \times k$ 이상 떨어진 데이터는 전체의 $\frac{1}{k^2}$의 비율 이하밖에 없다는 것이다. 이것을 '**체비세프(Chebyshev) 부등식**'이라고 부른다).

▶ 도표 13-1 모표준편차를 알 때의 추정

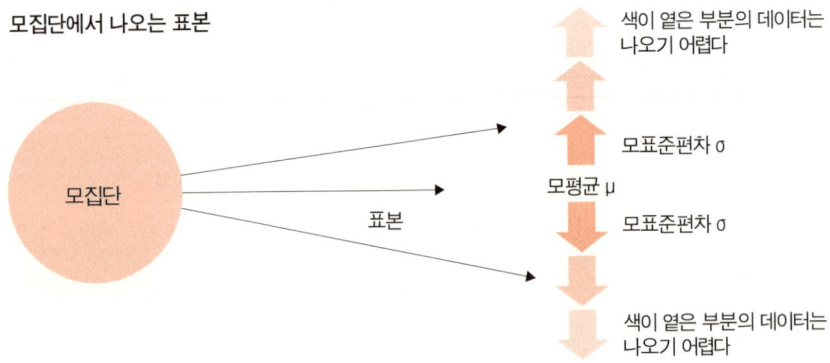

2. 표본평균을 구하는 이유

그러면 관측된 데이터가 한 개가 아니라 여러 개일 경우는 어떻게 될까? 물론, 여러 데이터가 있어도 모집단의 분포를 재현할 만큼의 정보가 되지 않는다는 것은 분명하다. 그러나 모평균 μ에 대한 추정이라면, 한 개의 관측 데이터일 때보다 훨씬 정확도가 높을 수 있다.

여기에서 우리들이 일상생활에서 같은 현상의 데이터를 여러 번 관측한 경우에 행동했던 모습들을 떠올려보자. n개의 데이터를 관측했을 때, '데이터를 합하고 n으로 나누는 산술평균을 구하는 일'은 우리들이 평소에 자주하는 계산이다.

예를 들어서 몇 번 치룬 시험점수의 평균을 내거나, 몇 번 측정한 체온의 평균을 내거나, 하루하루의 매출액을 일주일 단위로 합하여 평균을 내기도 한다. 이렇게 관측된 데이터의 평균값은 모평균과 구별하기 위해서 **표본평균**이라고 부른다.

표본평균＝(관측된 데이터 합계)÷(관측 데이터 총 개수)

구체적인 설명은 도표13-2를 보기 바란다.

그러면 우리들은 왜 이러한 표본평균을 구하는 것일까? 그 이유는 '우연히 생긴 흩어진 데이터를 없애고 실제의 값에 가까운 값을 만들어 내고 싶기' 때문이다.

> 도표 13-2 표본평균

모집단에서 두 개의 데이터를 관측한다면 어떻게 될까?

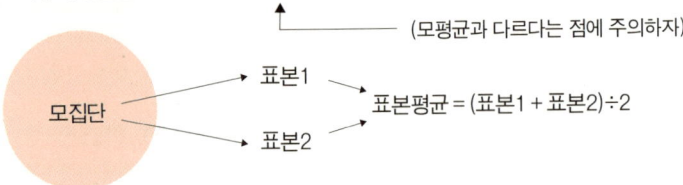

예 : (표본1) = 5이고, (표본2) = 11이라면, 표본평균 = (5 + 11)÷2 = 8

예를 들어서 모의시험 점수가 중요한 것은 진짜 시험에서 몇 점을 맞을지 예측하고 싶기 때문이다. 그러나 한 번 한 번의 모의시험 점수는 그때마다의 상황에 따라 제각각 다른 점수로 나오게 된다. 그렇기 때문에 **몇 번의 모의시험 평균점을 구해 '우연의 장난'이 만드는 효과를 줄이려는 것**이다. 체온의 측정이나 매출액의 예상도 이와 같다.

사실 이러한 표본평균의 발상이 통계적 추정에서도 큰 효력을 갖고 있다는 것을 알고 있다.

이것을 이해하기 위해서 빈도를 이상화한 '수학적 확률 모델'을 이용하도록 한다. 어려울 것 같아 보이는 이름이지만 단순히 주사위 던지기의 모델에 불과하니 걱정할 필요 없다.

우선, 도표 13-3의 처음 그림은 주사위를 한 번 던져서 나오는 무한한 숫자를 기록한 모집단을 나타낸 것이다. 주사위는 이상적으로 만들어져 6면 모두 균등하게 나온다고 생각할 수 있기 때문에 연못의 넓이

표본평균① : 여러 데이터의 평균값은 한 데이터의 평균값보다 모평균에 가깝다

> **도표 13-3** 주사위 던지기의 표본평균

주사위 던지기를 예로 표본평균의 성질을 살펴보자

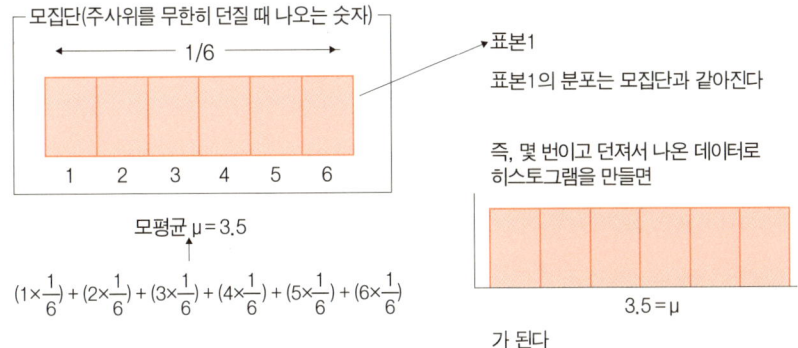

> **도표 13-4** 주사위를 두 번 던졌을 때를 기록한 표본평균

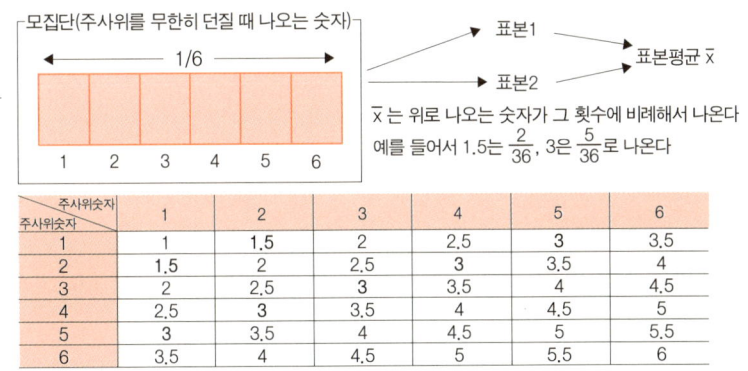

주사위숫자 주사위숫자	1	2	3	4	5	6
1	1	1.5	2	2.5	3	3.5
2	1.5	2	2.5	3	3.5	4
3	2	2.5	3	3.5	4	4.5
4	2.5	3	3.5	4	4.5	5
5	3	3.5	4	4.5	5	5.5
6	3.5	4	4.5	5	5.5	6

(='많음', '진함', '관측도')는 자연히 모두 1/6이 된다. 그래서 **모평균 μ** 는 도표의 계산과 같이 **3.5**가 된다.

다음으로 이 모집단에서 나오는 데이터를 두 번 관측하는 것, 즉 주사위를 두 번 던져서 나올 숫자를, **두 개를 한 쌍으로 기록**하면 어떻게 되

는지 살펴보도록 하자.

'두 개를 한 쌍으로 기록'하는 것을 반복하면, '1과 1', '2와 5' 등, 36개의 데이터가 역시 균등하게 나타나리라는 것은 쉽게 상상할 수 있다. 이 한 쌍이 된 두 개의 데이터로부터 산술평균을 기록하면 어떻게 될까? 이것을 도표13-4에 나타냈다. 산술평균으로 나타난 수치는 1, 1.5, 2, 2.5, 3, 3.5, 4, 4.5, 5, 5.5, 6으로 11개지만, 이번에는 **균등하게 나타나지 않은 것**에 주의해야 한다.

도표13-4에서 평균이 2가 되는 경우를 보면, 1이 되는 경우에 비해 3배 많이 나타났고, 3.5가 되는 경우는 6배 많이 나타난다는 것을 알 수 있다. 이러한 산술평균의 히스토그램을 그리면 도표13-5의 도표가 된다.

표본평균은 $\bar{x}$라는 기호로 쓴다(엑스바로 읽는다). 도표13-6을 보면, 원래의 모집단은(또는 여기에서 나오는 데이터를 충분한 횟수로 관측하여 만든 히스토그램은) 어떤 데이터든지 같은 상대도수를 가진 평평한 그래프가 되지만, 두 개의 표본평균 $\bar{x}$는 **가운데가 볼록한 히스토그램**이 되며, 모평균 3.5 주변에 있는 상대도수가 높은 것을 볼 수 있다. 그래서 주사위를 한 번 던지는 것보다 **두 번 던져서 나오는 숫자의 표본평균을 구하는 것이 훨씬 모평균 3.5에 가까운 숫자가 나올 가능성이 높아진다**.

사실, 이러한 성질은 주사위 던지기의 모집단뿐만 아니라 어떠한 모집단이든지 성립한다는 것을 알았다. 이것은 수학의 정리로 다음과 같이 표현할 수 있다.

▶ **도표 13-5** 주사위를 두 번 던졌을 때의 표본평균

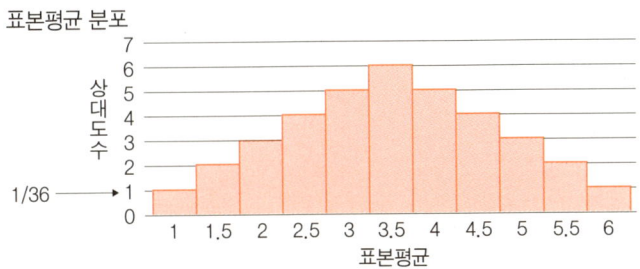

▶ **도표 13-6** 주사위 던지기의 표본평균

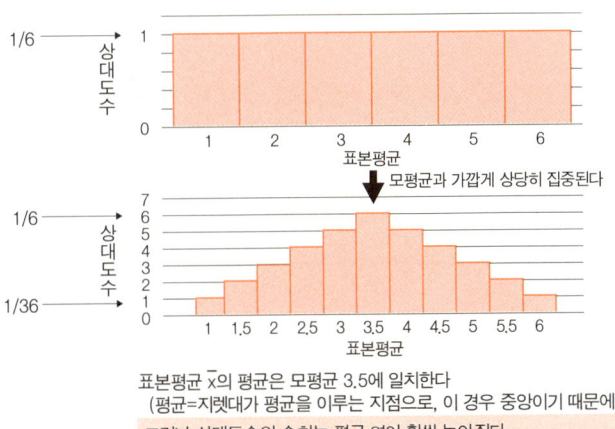

표본평균 x̄의 평균은 모평균 3.5에 일치한다
(평균=지렛대가 평균을 이루는 지점으로, 이 경우 중앙이기 때문에)
그러나 상대도수의 수치는 평균 옆이 훨씬 높아진다

대수의 법칙

하나의 모집단에서 n개의 데이터를 관측하고 그 표본평균 x̄를 만든다. 이때, n이 크면 클수록 표본평균은 모평균 μ에 가까운 수치를 구할 가능성이 커진다.

즉, 우리들이 평소 친근한 표본평균이라는 기술은 모평균을 더 정확하게 맞추는 추정을 하기 위한 적절한 방법이며, 수학법칙으로 뒷받침되는 것이다.

제13강의 | 정리

① 관측된 데이터는 어느 정도 모평균에 가깝다고 생각할 수 있다.
② 여러 데이터를 관측해 그 평균을 구한 것을 표본평균이라고 부르며, $\bar{x}$로 쓴다.
③ 여러 개의 데이터를 관측하여 표본평균을 구하면, 이것은 한 개의 데이터보다 훨씬 모평균에 가까운 값이라는 것을 기대할 수 있다. 관측 데이터를 증가시키면 증가시킬수록 표본평균이 모평균에 가까울 가능성이 높아진다.
④ **대수의 법칙** 하나의 모집단에서 n개의 데이터를 관측하고 그 표본평균을 만든다. 이때, n이 크면 클수록 표본평균은 모평균 μ에 가까운 수치를 구할 가능성이 커진다.

+ 연 습 문 제

다음과 같은 모집단을 생각해보자.

수치(데이터로 나온 것)	1	2	3	4
상대도수(연못의 면적=나올확률)	$0.25(\frac{1}{4})$	$0.25(\frac{1}{4})$	$0.25(\frac{1}{4})$	$0.25(\frac{1}{4})$

① 표본평균의 상대도수를 구하기 위한 표를 만든다. 빈칸을 채우시오.

	1	2	3	4
1				
2				
3				
4				

표본평균① : 여러 데이터의 평균값은 한 데이터의 평균값보다 모평균에 가깝다

② 표본평균의 상대도수표를 만드시오.

표본평균	1	1.5	2	2.5	3	3.5	4
상대도수	$\overline{16}$	$\overline{16}$	$\overline{16}$	$\overline{16}$	$\overline{16}$	$\overline{16}$	$\overline{16}$

③ 이 표를 히스토그램으로 그리시오.

* 해답은 234쪽

14 강의 표본평균②

: 관측 데이터가 늘어날수록 예언 구간은 좁아진다

1. 정규분포에서 보이는 표본평균의 성질

앞 강의에서는 데이터를 여러 번 관측하고 그 표본평균을 구하여 기록하는 것을 충분한 횟수로 반복하고, 그 뒤 히스토그램을 만들면 모평균 μ에 가까운 수가 많이 나온다(즉, 모평균 μ에 가까운 히스토그램이 조금 높아진다)는 것을 설명했다.

데이터 x를 여러 번 관측하여 만든 표본평균을 $\bar{x}$라고 쓴다. 이 **표본평균 $\bar{x}$가 한번만 관측된 데이터 x에 비해서 모평균 μ에 더 가까운 데이터**라고 설명했는데, 이것은 제1부에서 설명한 구간추정에 대해서 표본평균을 이용해 구하면 더욱 정확도가 높은 추정을 할 수 있다는 점을 나타낸다. 그러나 구간추정은 '95% 신뢰구간'과 같이 '다른 리스크'(이 경우는 100−95=5%)를 명확하게 해야 하지만, '다른 리스크'를 명확하게 하기 위해서는 모집단의 분포와 그 데이터로 만든 표본평균의 데이터 분포에 대한 정확한 지식이 없으면 불가능하다.

일반적인 모집단은, 가령 모집단 자체의 분포를 알고 있어도 표본평균의 분포가 이것과는 달라지기 때문에, 추정에 사용하기에는 알맞지 않다. 도표13-6을 보면, 주사위를 던져서 나오는 숫자의 데이터 모집단은 1~6의 어떤 수치이든지 상대도수가 같다(이것을 전문용어로 **균일분포**라고 한다). 그런데 두 개의 관측 데이터로 만든 표본평균 x̄의 히스토그램은 가운데가 볼록해지기 때문에 이미 **모집단과 같은 분포가 되지 않는다**.

세 개의 표본평균을 만들면, 더욱 모양이 달라져 둥근 모양이 나온다. 이렇듯이 주사위를 던져서 나오는 모집단은 표본평균의 분포(히스토그램 형태)가 변화해 가기 때문에 '다른 리스크'를 일정한 수준에서 유지하는 것은 간단하지 않다(정확히 말하자면, 불가능하지는 않지만 실용적이지 않다).

그런데 이러한 상황이 발생하지 않는 아주 잘 맞는 분포가 있다. 그 하나가 제1부에서도 설명했던 정규분포다. 모집단이 정규분포 하고 있는 것을 '**정규모집단**'이라고 부른다. 이 '**정규모집단은 표본평균을 만들어도 그 분포는 정규분포 그대로**' 유지한다는 훌륭한 성질을 갖고 있다.

이 성질을 확실히 수학적으로 증명하기 위해서는 확률론과 미적분이라는 고도의 지식이 필요한데, '통계를 사용할 수 있도록 하겠다'는 이 책의 목적과 맞지 않아서 독자 여러분은 이것을 사실로 받아들이고 책을 읽어 주길 바란다. 지금 이야기한 정규모집단의 성질을 더욱 자세히 설명하면 다음과 같다.

정규모집단에서의 표본평균의 성질

정규모집단의 모평균을 μ, 모표준편차를 σ라고 할 때, 여기에서 관측된 데이터 x의 n개에 대한 표본평균 $\bar{x}$의 분포는 역시 정규분포 한다. $\bar{x}$의 분포 평균값은 μ 그대로지만, 표준편차는 $\frac{\sigma}{\sqrt{n}}$가 되어서 모집단에 비해 $\sqrt{n}$분의 1로 줄어든다.

이것을 도표로 나타낸 것이 도표14-1이다.

▶ **도표 14-1** 정규모집단의 표본평균 분포

모집단이 정규분포 할 경우

모집단의 분포

표본평균의 분포
(표본평균을 모으고, 이것을 모집단으로 간주한 것의 분포)

μ

μ

정규분포인 것은 변함이 없으며, 평균도 모평균에 일치하고 펼쳐진 상태만이 $\frac{1}{\sqrt{n}}$로 집중된다

여기에서 표본평균 $\bar{x}$의 표준편차라는 것은 'n개의 구체적인 데이터(표본)에서 표준편차를 계산한 것이 아니라는 점'에 주의해야 한다. 여기에서 이야기하는 표본평균 $\bar{x}$의 표준편차란, n개의 데이터를 무한히 반복하여 관측하고, 이것들을 계산한 무수한 표본평균 $\bar{x}$의 히스토그램을 만들어 여기에서 계산한 표본편차다. 그래서 무한한 $\bar{x}$로 만든 모집단의 모분산과 같은 것이다.

이에 비해 n개의 구체적인 데이터(표본)의 표준편차는 n개를 한 세트의 데이터로 단순히 계산한 것에 불과하다(이 문제는 제16강의의 표본

분산에서 등장한다).

도표14-1을 보면 바로 알 것이라고 생각하지만, 정규분포의 모집단에 대한 표본평균을 만들면 가운데가 높은 형태가 더 '높아지게' 된다. 이것은 **평균값 근처의 데이터가 더 높은 확률로 관측되고, 평균값에서 먼 데이터는 잘 관측되지 않는다**는 것을 의미한다.

여기에서 다른 책들과 비교해서 혼란을 겪지 않도록 하기 위해서 조금 더 설명을 붙이자면, 'n개에 대한 표본평균 $\bar{x}$의 분포는 그 평균값이 모평균 μ와 일치하고, 표준편차가 모표준편차 σ를 $\sqrt{n}$로 나눈 것이 된다'는 성질은 어떤 분포의 모집단이든지 성립한다. 증명도 그렇게 어렵지는 않지만, 이 책에서는 생략한다. 다만, '표본평균의 분포가 모평균의 분포와 같은 형태 그대로가 된다'는 성질은 정규분포와 일부 특별한 사례를 빼면 대부분 성립하지 않는다.

2. 정규모집단에서의 표본평균에 대한 95% 예언적중구간

제1부에서는 정규분포를 따라서 관측된 데이터를 사전에 예언하는 방법을 설명했다. 그것은

일반정규분포의 95% 예언적중구간

평균값이 μ이고, 표준편차가 σ인 정규분포의 95% 예언적중구간은 $(\mu-1.96\sigma)$ 이상 $(\mu+1.96\sigma)$ 이하

라고 했다.

　이것을 정규모집단으로 바꾸어, '모평균 μ에서 모표준편차 σ인 1.96배의 범위 내에 있는 데이터가 관측된다'고 예언하면, 이것은 '95%의 확률로 적중한다'는 말이 된다.

　그러면 '정규모집단에서 n개의 데이터를 관측할 경우, 이 **표본평균에 대해 예언**을 한다면, 어느 범위를 말하면 좋을까?'라는 형태로 이 법칙을 바꿀 수 있을 것이다. n개의 표본평균의 분포에서 평균값은 모평균 μ에서 변하지 않고 표준편차는 모표준편차 σ의 $\sqrt{n}$ 분의 1이 되기 때문에 당연히 다음과 같이 된다.

정규모집단에서 표본평균의 95% 예언적중구간

　모평균이 μ이고, 모표준편차가 σ인 정규모집단에서 데이터 n개의 표본평균에 대한 95% 예언적중구간은

　$(\mu - 1.96 \frac{\sigma}{\sqrt{n}})$ 이상 $(\mu + 1.96 \frac{\sigma}{\sqrt{n}})$ 이하

　구간추정을 할 때의 편리를 위해 다음과 같이 부등식 형식으로도 표현해두도록 하겠다.

정규모집단에서 표본평균의 95% 예언적중구간 : 부등식 표시

　모평균이 μ이고, 모표준편차가 σ인 정규모집단에서 데이터 n개의 표본평균에 대한 95% 예언적중구간은

$$-1.96 \leq \frac{\bar{x} - \mu}{\frac{\sigma}{\sqrt{n}}} \leq +1.96$$

을 풀어서 나오는 범위다.

이것은 '정규분포를 따르는 데이터에서 모평균을 빼고 표준편차로 나누면 표준정규분포를 따르는 데이터로 가공한다'는 성질을 이용한 것이다. 이상의 설명을 도표로 나타낸 것이 도표14-2다.

▶ **도표 14-2** 정규모집단의 표본평균으로 나타내는 예언적중구간
정규모집단에서 표본평균 분포에 대한 일반 법칙

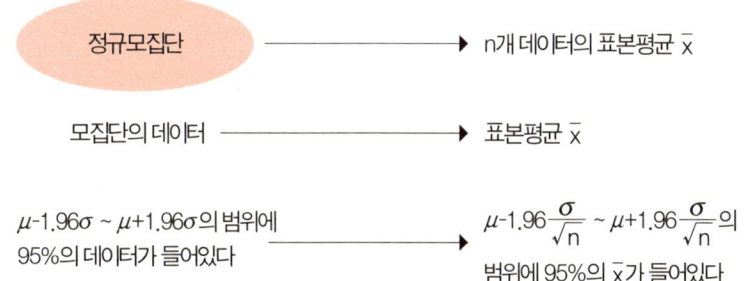

이 법칙을 사용하면 다음과 같은 '예언'을 할 수 있다.

지금 모집단이 정규분포를 하고, 그 모평균이 200이며, 모표준편차가 10이라고 하자. 이 모집단에서 하나의 데이터만을 관측할 때, 그 수를 '그것이 들어가는 범위'라는 형태로 예언한다. 그래서 200−(1.96×10)= 180.4와 200+(1.96×10)=219.6을 계산하여, '**관측된 데이터는 180.4**

이상 219.6 이하의 범위에 들어간다'고 예언하면 95%의 확률로 맞는다.

또한 이 모집단에서 4개의 데이터를 관측하고, 그 표본평균을 만들 때, 표본평균값을 '그것이 들어가는 범위'라는 형태로 예언한다. $200-1.96\times(10\div\sqrt{4})=190.2$와 $200+1.96\times(10\div\sqrt{4})=209.8$을 계산하고, **'관측된 4개 데이터의 표본평균은 190.2 이상 209.8 이하의 범위에 들어간다'**고 예언하면 95%의 확률로 맞는다.

이 모집단에서 16개의 데이터를 관측하고, 그 표본평균을 만들 때, 표본평균값을 '그것이 들어가는 범위'라는 형태라고 예언하면 다음과 같다. $200-1.96\times(10\div\sqrt{16})=195.1$과 $200+1.96\times(10\div\sqrt{16})=204.9$을 계산하여 **'관측된 16개의 데이터 표본평균은 195.1 이상 204.9 이하의 범위에 들어간다'**고 예언하면 95%의 확률로 맞는다.

이 세 가지 예언의 범위를 비교해보자. 이 1개, 4개, 16개 세 예언의 범위를 보면 **표본평균을 만드는 개수가 늘어날수록 예언하는 구간이 좁아진다**는 사실을 알 수 있다. 즉, 표본평균을 만들기 위해 관측한 데이터의 개수가 많으면 많을수록 정확도가 더 높은 예언(정확하게 맞추어서 사람들을 놀라게 할 예언)을 할 수 있다는 말이다. 이것이야 말로 표본평균을 이용하는 장점이다.

제14강의 | 정리

① 정규모집단에서 표본평균의 성질

정규모집단의 모평균을 μ, 모표준편차를 σ라고 할 때, 여기에서 관측된 데이터 x의 n개에 대한 표본평균 $\bar{x}$의(이러한 것들을 모은 것을 또 다른 모집단으로 다룰 때의) 분포는 역시 정규분포 한다. $\bar{x}$의 분포 평균값은 μ 그대로지만, 표준편차는 $\frac{\sigma}{\sqrt{n}}$가 되어, 모집단에 비해서 $\sqrt{n}$분의 1로 줄어든다.

② 정규모집단에서 표본평균의 95% 예언적중구간

모평균이 μ이고, 모표준편차가 σ인 정규분포에서 데이터 n개의 표본평균 $\bar{x}$에 대한 95% 예언적중구간은
$(\mu - 1.96 \frac{\sigma}{\sqrt{n}})$ 이상 $(\mu + 1.96 \frac{\sigma}{\sqrt{n}})$ 이하

③ 정규모집단에서 표본평균의 95% 예언적중구간 : 부등식 표시

모평균이 μ이고, 모표준편차가 σ인 정규모집단에서 데이터 n개의 표본평균 $\bar{x}$에 대한 95% 예언적중구간은

$$-1.96 \leq \frac{\bar{x} - \mu}{\frac{\sigma}{\sqrt{n}}} \leq +1.96$$

을 $\bar{x}$에 대해서 풀어서 나오는 범위다.

+ 연습문제

모집단은 성인 여성 전체의 키 데이터다. 이 모집단의 모평균은 160cm이고, 모표준편차는 10cm다.

① 이 모집단에서 데이터를 1개만 꺼낼 때, 이 수를 95%의 확률로 맞출 예언을 한다면,
(   ) −1.96×(   )~(   ) +1.96×(   )
즉, (   )~(   )에 들어가도록 예언하면 된다.

② 이 모집단에서 데이터를 4개만 꺼내서 표본평균을 만든다. 이 표본평균값을

95%의 확률로 맞출 예언을 한다면,
(　　) −1.96×(　　)〜(　　) +1.96×(　　)
즉, (　　)〜(　　)에 들어가도록 예언하면 된다.

③ 이 모집단에서 데이터를 25개만 꺼내서 표본평균을 만든다. 이 표본평균값을 95%의 확률로 맞출 예언을 한다면,
(　　) −1.96×(　　)〜(　　) +1.96×(　　)
즉, (　　)〜(　　)에 들어가도록 예언하면 된다.

* 해답은 235쪽

15강의 표본평균을 이용한 모평균의 구간추정

: 모분산을 알고 있는 정규모집단의 모평균은?

1. 모평균이나 모분산을 추정하기 위한 방법

어떤 특정한 불확실한 현상에 관해 무엇인가를 알고 싶을 경우, 대부분은 그 모집단의 모평균이나 모분산(또는 모표준편차도 같다)을 알면 알 수 있는 경우가 많다. 이것을 제1부에서 설명한 예를 들어 다시 생각해보기로 하자.

온도계로 액체의 온도를 계측할 경우, 계측기에는 오차가 생기기 마련이므로 현실에서 계측된 온도를 그대로 '실제의 액체 온도'라고 생각하기는 어렵다. 그러나 계측값이라는 것이 '실제의 온도를 평균값으로 하고, 일정한 표준편차를 가지고 있으며 정규분포를 따른다'는 사실을 알기 때문에 모집단(계측값을 가상적으로 모두 모은 무한모집단)을 생각하면, 그 모평균이 실제 온도라고 간주할 수 있다. 즉, **현실의 계측값에서 실제의 온도를 추정하기 위해서는 이 정규모집단의 모평균을 추정하면 된다**는 말이다.

또한 아파트를 광고했을 때, 전화문의를 한 사람의 수로 실제 모델하우스를 보러 오는 사람의 수를 추정하는 예(제9강의 참조)는 어떠했는가? 이 예에서는 모델하우스를 구경하려고 희망하는 사람이 확률 1/2로 전화문의를 한다는 경험이 있다고 가정했다. 그래서 실제로 구경하기를 희망하는 사람 수를 N으로 하면, 모집단은 'N개의 동전을 동시에 던져서 앞면이 나오는 개수를 무한하게 모은 데이터의 집합'이라고 생각하면 될 것이다. 이 모집단은 모평균이 $\frac{N}{2}$, 모표준편차가 $\frac{\sqrt{N}}{2}$ 인 정규모집단이라고 대략적으로 생각해도 된다고 설명했다.

모평균을 추정할 수 있다면, 구경을 희망하는 사람의 수는 그 2배인 N으로 추정할 수 있다. 또는 모표준편차를 추정하면 이것은 $\frac{\sqrt{N}}{2}$을 추정한 것이 되기 때문에 추정값에 두 배를 하고 제곱하면, 그 값이 N의 추정값이 된다.

이와 같은 예로 **어떤 특정의 불확실한 현상의 본질을 알고 싶을 경우, 정규모집단의 모평균 또는 모표준편차를 추정함으로써 그것을 대신할 수 있다는 것**을 알 수 있을 것이다.

여기에서는 '모분산을 알고 있는 정규모집단'에 대해서 그 모평균을 구간추정 하는 방법을 설명하겠다. 이것은 제1부의 마지막에 설명한 내용에 표본평균을 이용한 것으로, 버전을 높인 것뿐이다. 제1부에서도 언급했지만, 왜 모분산을 아는데 모집단을 가정하는가 하는 문제에 대해 다시 한 번 설명하겠다.

물론, 가장 이상적인 추정은 '모집단의 분포만 모를 때의 추정'일 것이다. 이것은 솔직히 말해서 완전히 불가능하지는 않지만, '원리적으로 무리'라는 것을 누구나 직감적으로 느낄 것이다. 왜냐하면 아무런 정보가 없기 때문이다. 그래도 방법이 없는 것은 아니다.

하나는 **대량으로 데이터를 모으면 모집단이 어떤 분포고, 그 표본평균은 정규분포에 가까워진다는 성질**(중심극한정리라고 부른다)을 **이용하는 방법**이다. 이것을 '대표본 추정'이라고 부른다. 그리고 또 한 가지는 **분포에 대한 지식을 가정하지 않는 '비모수적(Nonparametric)'이라는 방법을 이용하는 것**인데, 이 책에서는 다루지 않는다.

이 경우를 제외하면, 가장 자연스럽고 가장 실용적인 것은 '**정규모집단이라는 것은 알지만, 모평균과 모분산을 모를 때의 추정**'이다. 이것은 이 책의 최종목표지만, 목표를 이루기 위해서는 표본평균만이 아니라 표본분산의 분포를 이용해야 할 필요가 있다. 또한 이것은 아쉽지만, 정규분포가 아니라 카이제곱분포라든지 t분포라는 새로운 분포들이 필요하다. 그래서 다음 강의부터는 아래와 같은 내용을 설명하도록 하겠다.

- 본 강의(제15강의) <정규모집단이라는 것은 알고 있으며, 모분산도 알고 있을 때의 모평균 추정>
- 제17강의 <정규모집단이라는 것은 알고 있으며, 모평균을 알고 있을 때의 모분산 추정>
- 제19강의 <정규모집난이라는 것은 알지만, 모평균을 모를 때의 모분산 추정>
- 제21강의 <정규모집단이라는 것은 알지만, 모분산을 모를 때의 모평균 추정>

제21강의가 앞에서 '가장 자연스럽고 실용적'인 버전으로, 이것을 최종목적지로 해서 하나씩 설명해가도록 하겠다. 그 첫 걸음으로 제15강의에서는 '정규모집단이라는 것은 알고 있으며, 모분산을 알고 있을 때 모평균을 추정하는 방법'을 설명한다.

2. 표본평균을 이용한 모평균의 구간추정

그러면 표본평균에서 모집단의 모평균을 추정하는 방법부터 알아보도록 하자(관측 데이터 한 개에서부터 추정을 설명한 제10강의 3항을 복습해주길 바란다). 구체적인 예제를 사용해서 설명하도록 하겠다.

예제1

편의점에서 판매하는 삼각김밥을 자동으로 만드는 기계가 있다. 이 기계는 삼각김밥의 무게를 다양하게 조절할 수 있지만, 무게에는 오차가 발생한다. 완성된 삼각김밥 무게의 모든 데이터를 모집단이라고 할 때, 그것은 정규모집단이고, 모표준편차가 10그램이라는 것을 알고 있다. 여기에서 25개의 삼각김밥을 만들면 그 표본평균은 80그램이었다. 제조된 삼각김밥의 무게 모평균을 95% 신뢰구간에서 구간추정을 하시오.

해답과 해설

이 모집단에서 25개의 데이터를 관측할(삼각김밥을 만들어 무게를 측정할) 때, 그 표본평균 $\bar{x}$의 분포는 모평균 μ(이것은 모른다)를 평균값으로 하고, 모표준편차(이것은 10으로 알고 있다)를 $\sqrt{25}$로 나눈,

$$\frac{\sigma}{\sqrt{25}} = \frac{10}{5} = 2$$ 를 표준편차로 하며 정규분포하게 된다.

그래서 만일 25개의 데이터를 관측하기 전에 그 표본평균을 예언한다면, 부등식

$$-1.96 \leq \frac{\bar{x} - \mu}{2} \leq +1.96$$

을 만족하는 $\bar{x}$의 범위를 구하면 된다. 이렇게 하면 95%의 확률로 맞출 수 있는 예언을 할 수 있다.

구간추정에서는 이것을 반대로 하여 '현실에서 관측된 표본평균 80그램이 그 범위에 들어가지 않는 μ는 현실에서 모집단의 모평균으로 있을 수 없다고 기각한다'는 식으로 생각한다. 그래서 부등식의 $\bar{x}$에 현실에서 관측된 값인 80을 대입하여

$$-1.96 \leq \frac{80 - \mu}{2} \leq +1.96$$

을 만족시키는 모평균 μ만을 기각하지 않고 남긴다.

세 곳에 2를 곱하고

$$-1.96 \times 2 \leq 80 - \mu \leq +1.96 \times 2$$

세 곳에 μ를 더하고

$$\mu - 1.96 \times 2 \leq 80 \leq \mu + 1.96 \times 2$$

왼쪽의 부등식을 풀면

$\mu \leq 80 + 1.96 \times 2$에서 $\mu \leq 83.92$

오른쪽의 부등식을 풀면

$80-1.96 \times 2 \leq \mu$에서 $76.08 \leq \mu$

정리하면

$76.08 \leq \mu \leq 83.92$

이 범위에 있는 모평균 μ는 기각되지 않고 남기 때문에(이것이 모평균 μ의 구간추정을 한 결과) '**모평균 μ의 95% 신뢰구간**'이 된다.

이와 같이 구체적인 사례로 설명한 것을 일반적으로 정리해보자.

모집단은 정규분포 하는 것을 알고 있으며, 또한 그 모표준편차 σ의 값도 사전에 알고 있다. 지금 이 모집단으로부터 데이터를 n개 관측했다. 이것을

$x_1, x_2, \cdots, x_n$

으로 한다.

이때,

① n개의 데이터를 관측하여 표본평균 $\bar{x}$를 계산하는 것을 반복하면, $\bar{x}$의 분포는 평균값이 (모평균과 같은) μ이고, 표준편차는 모집단보다 $\sqrt{n}$ 분의 1로 줄어든 $\dfrac{\sigma}{\sqrt{n}}$이 된다.

② 그래서 데이터 n개의 표본평균이 들어간 범위를, 데이터를 관측하기 전에 예언한다면, 평균에서 표준편차의 1.96배 이하로 떨어져있다는 의미인

$$-1.96 \leq \dfrac{\bar{x} - \mu}{\dfrac{\sigma}{\sqrt{n}}} \leq +1.96 \quad \cdots (1)$$

이라는 부등식을 풀어서 얻는 'x̄의 범위'를 예언함으로써 95%의 확률로 맞출 수 있다.

③ 현실에서 관측되는 데이터로부터 모집단의 모평균 μ를 반대로 추정할 경우는 '현실에서 관측된 표본평균 x̄가 예언하는 범위에 들어가는 모평균 μ를 포함하는 모집단만을 타당한 것'으로 남기고, 그 외의 μ를 갖는 모집단은 기각한다.

④ (1)의 부등식은 σ와 n은 알고 있으며 x̄도 관측 데이터로부터 계산할 수 있기 때문에, 이 부등식이 성립되는 μ만을 타당한 모평균의 추정값으로 남긴다(도표 15-1 참조).

⑤ ④의 작업을 구체적으로 풀어보면,

세 곳에 ($\frac{\sigma}{\sqrt{n}}$)를 곱하고

$$-1.96 \times \frac{\sigma}{\sqrt{n}} \leq \bar{x} - \mu \leq +1.96 \times \frac{\sigma}{\sqrt{n}}$$

세 곳에 μ를 더하고

$$\mu - 1.96 \times \frac{\sigma}{\sqrt{n}} \leq \bar{x} \leq \mu + 1.96 \times \frac{\sigma}{\sqrt{n}}$$

왼쪽 부등식 양쪽에 $1.96 \times \frac{\sigma}{\sqrt{n}}$ 를 더하여

$$\mu \leq \bar{x} + 1.96 \frac{\sigma}{\sqrt{n}}$$

오른쪽 부등식 양쪽에 $-1.96 \times \frac{\sigma}{\sqrt{n}}$를 더하여

$$\bar{x} - 1.96 \times \frac{\sigma}{\sqrt{n}} \leq \mu$$

이 둘을 합하면

$$\bar{x} - 1.96 \frac{\sigma}{\sqrt{n}} \le \mu \le \bar{x} + 1.96 \frac{\sigma}{\sqrt{n}} \quad \cdots(2)$$

(2)의 범위를

'**모평균 μ의 95% 신뢰구간**'이라고 부른다.

이렇게 구간을 구하는 것을 **모평균의 구간추정**이라고 한다.

> **도표 15-1** 모평균의 구간추정이란

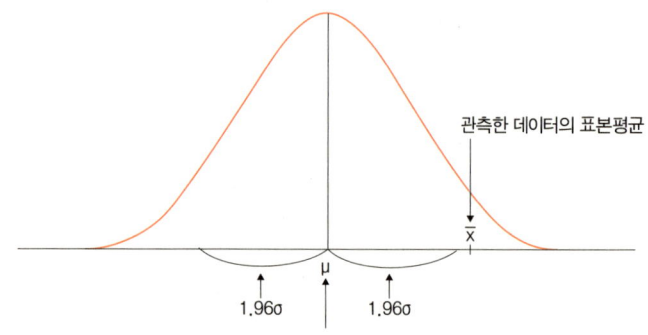

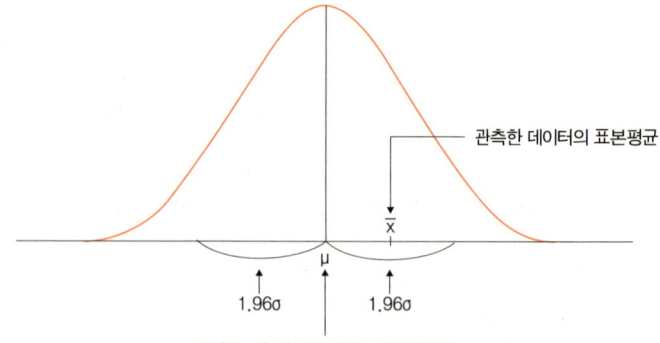

제15강의 | 정리

① 정규모집단에서 모표준편차가 σ(모분산이 σ²)라는 사실을 알고 있을 경우에, 모평균 μ를 n개의 표본에서 추정하기 위해서는 표본평균 $\bar{x}$를 계산하여

$$-1.96 \leq \frac{\bar{x} - \mu}{\frac{\sigma}{\sqrt{n}}} \leq +1.96$$

을 만족시키는 μ를 (기각하지 않고) 남기면 된다.

② 이 때, μ의 95% 신뢰구간은

$$\bar{x} - 1.96 \frac{\sigma}{\sqrt{n}} \leq \mu \leq \bar{x} + 1.96 \frac{\sigma}{\sqrt{n}}$$

+ 연 습 문 제

어떤 사람이 혈압을 계측하려고 한다. 이 사람의 혈압 계측값을 모집단으로 하면, 이것은 실제의 혈압 μ를 모평균으로 하여 모표준편차가 10이며, 정규분포 한다고 한다.

① 이 사람은 한번만 혈압을 쟀고, 계측값은 130이었다. 이때, 실제의 혈압(모평균 μ)을 구간추정 하시오.
   이것에는 부등식
   $$-1.96 \leq \frac{(\quad) - \mu}{(\quad)} \leq +1.96$$
   을 만족시키는 μ의 범위를 구하면 된다.
   이것을 풀면 95% 신뢰구간은
   $(\quad) \leq \mu \leq (\quad)$ 이(가) 된다.

② 다음으로 4번을 재서 다음의 4개 데이터를 얻었다.
   131 135 140 138

이 4개 데이터의 표본평균은 x̄=(　　)이(가) 된다.
또한 x̄의 표준편차는 10÷(　)=(　　)이다.
이때, 실제의 혈압 μ를 구간추정하기 위해서 부등식
$$-1.96 \leq \frac{(\quad) - \mu}{(\quad)} \leq +1.96$$
을 만족시키는 μ의 범위를 구하면 된다.
이것을 풀면 95% 신뢰구간은
(　　)≤μ≤(　　)이(가) 된다.

* 해답은 235쪽

16강의 카이제곱분포

: 표본분산을 구하는 방법과 카이제곱분포

1. 표본분산을 구하는 방법

제2부의 시작인 제11강의부터 제15강의까지는 표본평균을 중심으로 추정하는 방법을 설명했다. 표본평균은 모집단에서 관측된 n개의 데이터로부터 평균값을 계산한 것이었다. 표본평균은 '정규모집단의 모평균을 구간추정 할 수 있다'는 의미로, **모평균을 반영한 것**이라고 할 수 있다.

관측된 데이터를 축약하여 얻은 통계량에서 또 한 가지 중요한 것은 제1부에서 아주 많이 설명했던 **표준편차**다. 그러면 정규모집단에서 관측된 n개의 데이터로부터 계산한 표준편차는 어떤 성질을 갖는 것일까? 그리고 이것은 모표준편차를 반영한 것일까? 이번 강의에서는 이 질문에 대해 대답을 하려고 한다.

다만, 여기에서는 **관측 데이터의 표준편차가 아니라 루트를 씌우기 전인 '분산'을 다룬다**. 그 이유는 표준편차보다 분산이 수학적으로 편리한 경우가 많기 때문이다. 관측 데이터(표본)로 계산한 분산을 '표본분산'이라고 하고, 표본분산을 계산하는 단계는 다음과 같다.

1단계 먼저 **표본평균**을 **계산**한다.

2단계 다음으로 각 표본에서 표본평균을 빼 편차를 구한다.

3단계 각 편차를 제곱해서 모두 더하고, 표본 총 개수로 나누어 계산한다.

이렇게 계산된 표본분산은 s^2이라는 기호로 나타낸다(모분산은 σ^2으로 써서, 쓰는 기호도 다르다).

식으로 쓰면,

$$(\text{표본분산 } s^2) = \frac{\{(\text{편차}1)^2 + (\text{편차}2)^2 + \cdots + (\text{편차}n)^2\}}{n}$$

이 된다(여기에 루트를 씌우면 표준편차가 된다).

여기에서 한 가지 양해를 구해야겠다. 여러 통계학 책에서는 표본분산 s^2을 만들 때, 표본 총 개수 n이 아니라 이것보다 1이 작은 n−1로 나누는 계산을 한다. 이것은 확률론과 연관이 있기 때문이다. 그런데 이 책에서는 확률론 부분을 다루지 않으며, 추정에서 기술적인 문제도 발생하기 않기 때문에 n으로 나누는 정의를 선택했다.

표본이 두 개인 경우의 계산을 도표16-1로 정리했으니 참고하기 바란다.

정규모집단에서 얻은 데이터들은 정규분포의 상대도수에 근거하여 각기 다른 값이 된다. 가운데가 볼록한 형태의 그래프로 나타나는 상대도수로 관측된다. 이러한 데이터 n개에서 표본분산 계산을 반복하면, 물론 표본분산도 각기 다른 값이 된다.

> **도표 16-1 표본분산의 계산**

정규모집단에서 발생한 표본(데이터)들의 편차를 만들고, 제곱해서 평균
을 낸 것을 표본분산이라고 한다

(모분산과는 다르기 때문에 주의하자)

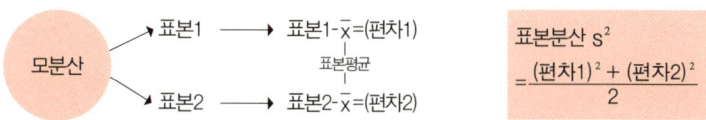

그러면 이 표본분산은 어떤 분포를 하는 것일까? 표본평균은 평균이 모평균과 같은 μ, 표준편차가 모표준편차 σ의 $\sqrt{n}$ 분의 1이 되는 정규분포를 취하지만, 표본분산도 이와 같을까?

표본분산도 모분산을 반영하는 분포가 되지만, 유감스럽게도 이것은 정규분포가 아니다. '정규분포가 되지 않는다'는 말은 다음을 통해서 간단히 알 수 있다. 다시 한 번 식을 보도록 하자.

$$(\text{표본분산 } s^2) = \frac{\{(\text{편차1})^2 + (\text{편차2})^2 + \cdots + (\text{편차n})^2\}}{n}$$

이지만, **제곱을 해서 합하기 때문에 표본분산은 결코 음수가 되지 않는다.**

반면에 정규분포는 음수 값도(라고는 하지만, 모든 수가) 나온다. 그래서 이것만으로도 정규모집단에서 표본으로 계산한 표본분산은 정규분포가 아니라고 볼 수 있다.

2. 카이제곱분포란?

그러면 표본분산은 어떤 분포가 되는 것일까? 이것은 지금 바로 설명할 수 없기 때문에 조금 돌아가서 설명할 필요가 있다. 일단 표본분산은 제쳐두고 다음과 같은 새로운 통계량을 도입하기로 해보자.

표본분산의 식 중에서 '제곱의 합'이라는 형식에 주목해보자. 모집단의 정규분포도 표준정규분포로 한정한다. 그리고 **'표준정규분포 하는 모집단에서 얻은 n개 데이터 제곱의 합'이라는 통계량을 분석하는 것**이다.

지금, 모집단이 표준정규분포(평균이 0이고, 표준편차가 1인 정규분포)인 **표준정규모집단**에서 3개의 데이터를 관측하고, 이 데이터를 제곱하여 모두 더한 통계량을 생각해보자.

구체적으로는 관측한 데이터(표본) x_1, x_2, x_3에 대해서

$$V = x_1^2 + x_2^2 + x_3^2$$

으로 계산하여 V를 구한다. 예를 들어, +1, +3, −2의 세 데이터가 관측되었다면, $V = (+1)^2 + (+3)^2 + (-2)^2 = 14$가 된다. x_1, x_2, x_3은 표본이기 때문에 관측할 때 각기 다른 값이 나온다. 그래서 V도 각기 다른 값이 나오고 평균값 등도 이와 같은 통계량의 하나가 된다. 이 V의 분포를 히스토그램으로 나타낸 것이 도표16-2다.

이해하기 쉽도록 막대그래프도 그려 넣었지만, 카이제곱분포에서도 아주 작은 숫자의 데이터들이 나타날 수 있기 때문에 진짜 분포는 파란

> **도표 16-2** 자유도 3인 카이제곱분포

$V = x_1^2 + x_2^2 + x_3^2$ 의 분포는 이렇게 된다

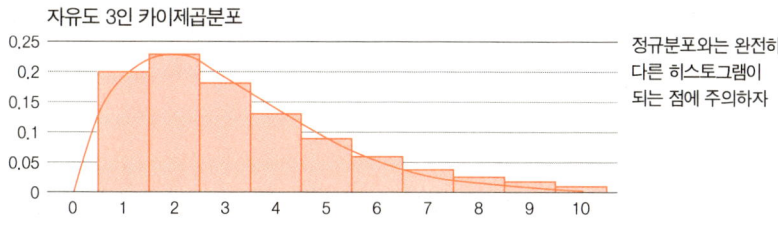

곡선이 된다.

이 히스토그램을 살펴보면 알 수 있듯이, 분포는 V가 0 이상의 수치만으로 한정되고, 비교적 0에 가까운 곳에 많은 데이터가 밀집해있다. 즉, 왼쪽에서 오른쪽을 향해서 급격하게 내려가는, 말하자면 청룡열차와 같은 형태를 띠고 있다.

이 분포를 '**자유도 3인 카이제곱분포**'라고 부른다.

'**자유도**'라고 하는 것은 기술적인 용어이기 때문에 이 책에서는 깊게 다루지 않지만, **이 경우는 '관측한 데이터 수**'(몇 개로 제곱의 합을 만드는가)를 의미한다. 이와 같이 표준정규모집단에서 3개가 아니라 n개의 데이터를 관측하여 제곱하고 모두 더한 통계량 V를 만들면, V의 분포는 '**자**

> **도표 16-3** 자유도 n인 카이제곱분포

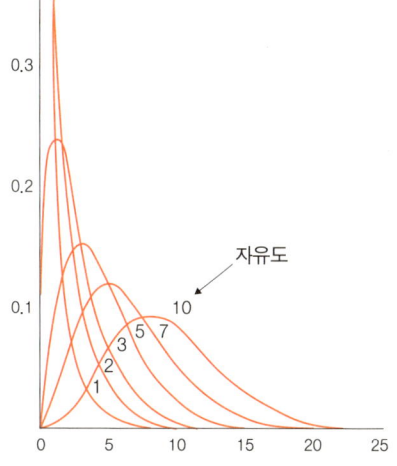

유도 n인 카이제곱분포'가 된다. 이러한 분포들은 자유도 n에 따라서 형태가 바뀐다. 이것을 비교한 것이 도표16-3이다(그래프의 형태는 바뀌었지만, 이것을 나타내는 함수는 같기 때문에 통일적으로 카이제곱분포라고 부른다).

카이제곱분포의 특징으로는

① 0 근처의 데이터 상대도수가 크다(즉, 히스토그램이 청룡열차 형태다)는 것을 들 수 있다. 이것은 정규분포가(마이너스 수도 포함) 0 근처 수치의 상대도수가 크다는 것을 반영한 것이다. 또한

② 자유도 n(관측한 데이터 수)이 커짐에 따라서 가운데 볼록한 높이가 낮아지면서 점점 오른쪽으로 치우쳐 간다(청룡열차의 경사가 완만해진다)는 점도 들 수 있다. 이것은 n이 커지면 0에서 조금 떨어진 데이터가 나오는 상대도수가 높아져 가는 것을 의미한다.

이것으로 사실을 정리하면 다음과 같이 된다(도표16-4 참조).

자유도 n인 카이제곱분포를 하는 V

표준정규모집단에서 n개의 표본 x_1, x_2, $\cdots x_n$에 대해서

$$V = x_1^2 + x_2^2 + \cdots + x_n^2$$

과 같이 통계량을 만들면 V는 자유도 n인 카이제곱분포를 한다.

데이터가 카이제곱분포를 할 경우, 각각의 수치가 얼마의 상대도수로 표현될지는 이미 수학자가 표로 만들어두었다. 예를 들어, 도표16-5는 자유도 3인 카이제곱분포의 상대도수를 나타낸 표다. 이것은 다음

> **도표 16-4** V는 자유도 n인 카이제곱분포를 한다

정규모집단에서 표본분산의 분포에 대한 일반 법칙

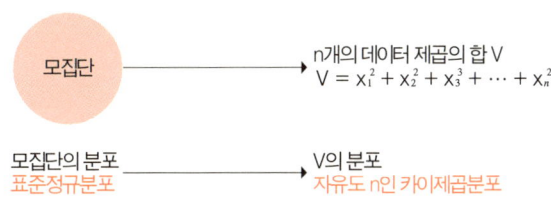

과 같이 읽을 수 있다. 4 부분이 0.2614로 되어 있는데, 이것은 4 이상의 수가 나올 상대도수가 약 0.2614라는 의미다. 즉, 자유도가 3인 카이제곱분포의 데이터는 **4 이상의 것이 전체의 약 26.14%를 차지한다**는 것을 의미한다.

이렇듯이 **수치 x의 옆에 쓰여 있는 수치는 'x 이상의 데이터가 전체에서 차지하는 비율을 나타내는 것'**이다(일반적으로 카이제곱분포는 이러한 형식으로 표가 주어지는 경우가 많다). 도표16-5의 10 부분을 보면, 자유도가 3인 카이제곱분포는 10 이상의 데이터가 나오는 상대도수가 단 1.8%에 불과하다는 것을 알 수 있다. 이것은 카이제곱분포의 데이터가 얼마나 0 주변에만 집중되어 있는가를 잘 나타내는 것이다.

최종적으로 처음에 설명한 **표본분**

> **도표 16-5** 자유도 3인 카이제곱분포

x	x 이상이 나올 상대도수
0	1
1	0.8012
2	0.5724
3	0.3916
4	0.2614
5	0.1717
6	0.1116
7	0.0718
8	0.0460
9	0.0292
10	0.0185

산도 이 카이제곱분포가 되는 것을 알 수 있지만, 이것을 제대로 설명하기 위해서는 조금 더 카이제곱분포에 대해 깊이 이해할 필요가 있다. 이에 대한 설명은 제18강의에서 이어진다.

이 강의를 마무리 지으면서 카이제곱분포에 대한 감각을 몸에 익히기 위해 간단한 문제를 풀어보도록 하자.

예제

표준정규분포의 모집단에서 데이터를 3번 관측한다. 이때 '관측된 세 수치를 제곱하고 모두 더한 것이 3 이상 6 미만'이라고 예언했을 경우, 이 예언은 어느 정도의 확률로 맞을 것인가? 도표16-5를 이용해서 구하시오.

도표16-5는 '자유도가 3인 카이제곱분포를 따르는 데이터를 관측할 때, **관측된 데이터가 x 이상인 상대도수**'를 나타내는 것임을 다시 한 번 강조해둔다.

표준정규분포를 하는 모집단에서 관측된 데이터(표본) x_1, x_2, x_3에 대해서 $V = x_1^2 + x_2^2 + x_3^2$으로 통계량 V를 구한다. 이때 V는 자유도 3인 카이제곱분포를 따른다. 이 V는 얻은 x에 대해서 'V≧x'가 되는 상대도수를 표로 나타낸 것이 도표16-5였다.

x=3인 곳을 보면 '0.3916'으로, 이것은 'V≧3'이 되는 상대도수를 나타낸 것이다. 즉, 3 이상인 수치 V의 상대도수는 0.3916이라는 의미다. 이와 같이 x=6인 곳을 보면 '0.1116'인데, 이것은 'V≧6'을 만족시키는

상대도수를 나타낸 것이다.

따라서 전자에서 후자를 빼면, '6>V≧3'의 상대도수가 되기 때문에 이것은 0.3916−0.1116=0.28이 된다. 이 비율은 V를 계산하여 **3 이상 6 미만이 되는 것이 전체의 28%를 차지한다**는 것을 나타내기 때문에, 'V가 3 이상 6 미만'이라는 예언을 했을 때, 이것이 **맞을 확률은 28%**라는 말이 된다.

제16강의 | 정리

① 관측 데이터(표본)로 계산한 분산을 '**표본분산**'이라고 부른다.
② 표본분산 s^2을 계산하는 단계는 다음과 같다.
　1단계 먼저 표본평균을 계산한다.
　2단계 다음으로 각 표본에서 표본평균을 빼 편차를 구한다.
　3단계 각 편차를 제곱해서 계산하고, 표본수로 나누어 계산한다.
　식으로 쓰면
$$(\text{표본분산 } s^2) = \frac{\{(\text{편차}1)^2 + (\text{편차}1)^2 + \cdots + (\text{편차}n)^2\}}{n}$$
③ (자유도 n인 카이제곱분포를 하는 V)
　표준정규모집단에서 n개의 표본인 $x_1, x_2, \cdots x_n$을 제곱하고 모두 합하여
　$V = x_1^2 + x_2^2 + \cdots + x_n^2$
　과 같은 통계량 V를 구하면 V는 자유도 n인 카이제곱분포를 한다.
④ 카이제곱분포를 하는 V는 0 이상의 값밖에 나오지 않는다. 또한 0에 가까운 수치의 상대도수가 크고, 0에서 떨어진 수치의 상대도수는 급격하게 작아진다.

➕ 연 습 문 제

표준정규분포를 따르는 데이터를 3번 관측하려고 한다. 이때 관측된 세 수치를 제곱하고 모두 합한 것이 2 이상 7 미만인 상대도수를 도표16-5를 이용하여 구하시오.

2 이상의 상대도수=(   )
7 이상의 상대도수=(   )
2 이상 7 미만인 상대도수=(   )-(   )=(   )

* 해답은 235쪽

17강의 정규모집단의 모분산을 추정

: 모분산을 카이제곱분포로 추정

1. 카이제곱분포의 95% 예언적중구간

앞 강의에서는 표준정규모집단(모집단이 $\mu=0$, $\sigma=1$이 되는 표준정규분포 하는 것)에서 얻은 데이터를 n개 관측하여, 이러한 데이터들을 제곱하고 더한 V라는 통계량을 구하면, V의 분포는 자유도 n의 카이제곱분포가 된다는 것을 설명했다.

그런데 확실한 분포를 얻는다면 좋은 점이 '**95% 적중할 수 있는 예언**'을 할 수 있다고 하는 점이었다. 정규분포에 대해서는 106쪽이나 161쪽에서 이러한 예언을 하는 방법을 설명했다. 이와 같이 카이제곱분포도 어느 범위를 지정하고, 그 범위에 V가 들어간다고 하는 예언을 95%의 확률로 적중시키는 것이 가능하다.

도표17-1을 보면 카이제곱분포인 95% 예언적중구간은 자유도에 따라서 다르다. 이것은 자유도에 따라서 분포하는 모습(히스토그램 모양)이 다르기 때문에 당연한 것이다.

예를 들어, 표준정규모집단에서 5개의 데이터를 관측하고 이것을 제곱하고 모두 더한 통계량을 V라고 하면, V는 자유도 5인 카이제곱분포

> **도표 17-1 자유도 5인 카이제곱분포**

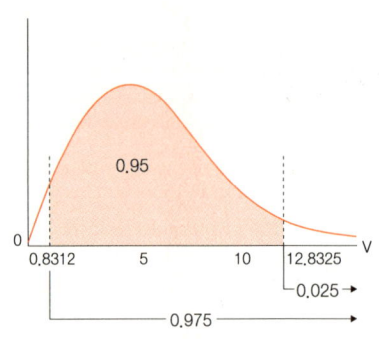

자유도	0.975	0.025
1	0.001	5.023
2	0.0506	7.377
3	0.2157	9.3484
4	0.4844	11.1433
5	0.8312	12.8325
6	1.2373	14.4494
7	1.6898	16.0128

0.8312 이상의 데이터 상대도수가 97.5%라는 의미

12.8325 이상의 데이터 상대도수가 2.5%라는 의미

를 따른다. 이 V에 대해서 도표17-1과 같이 '0.8312≦V'가 되는 상대도수는 97.5%이고, '12.8325≦V'가 되는 상대도수가 2.5%이기 때문에 **'0.8312≦V＜12.8325'가 되는 상대도수는 97.5−2.5=95%**가 된다.

그런데 지금은 12.8325의 값은 범위에 포함되어 있지 않지만, 포함되어 있다고 해도 확률적으로는 영향을 미치지 않기 때문에 정규분포의 예언적중 범위와 맞추기 위해서 포함하는 것으로 쓰도록 한다. 그러면 V로 취할 수 있는 수 중에서 95%는 '0.8312≦V≦12.8325'에 들어가기 때문에 이 범위를 예언하면 95%의 확률로 맞출 수 있다. 이것은 히스토그램(도표17-1의 왼쪽 그래프)으로 말하면 '0.8312≦V≦12.8325'의 상대도수가 0.95인 것에 대응한다.

이와 같이 V가 자유도 6인 카이제곱분포를 한다고 알고 있으면, 도표의 자유도 6인 곳을 보고 '1.2372≦V≦14.4494'를 예언의 범위로 하면 이것이 95% 예언적중구간이 된다.

2. 정규모집단의 모분산을 추정

95% 예언적중구간을 만들 수 있다는 말은 이것을 구간추정에 이용할 수 있음을 의미한다. 모평균 μ, 모표준편차 σ의 정규모집단에서의 표본 x로부터, $z=\dfrac{x-\mu}{\sigma}$로 통계량 z를 만들면, **z가 표준정규분포**가 되기 때문에 σ를 알면, μ의 구간추정을 할 수 있음을 떠올릴 수 있을 것이다.

만일, x와 μ, 그리고 σ로부터 카이제곱분포 하는 통계량을 만들 수 있다면, 이와 같은 구간추정을 할 수 있을 것이다.

정규모집단에서 n개의 데이터 $x_1, x_2, \cdots x_n$의 표본이 관측된다면 이것에서 모평균 μ를 빼고, 모표준편차 σ로 나눈 수치로 바꾸어

$$\dfrac{(x_1-\mu)}{\sigma}, \dfrac{(x_2-\mu)}{\sigma}, \cdots \dfrac{(x_n-\mu)}{\sigma}$$

를 만든다. 이것은 모두 앞에서 구한 통계량 z와 같은 것이기 때문에 표준정규분포를 따른다. 그래서 이것을 제곱해서 모두 더하면 카이제곱분포 하는 통계량 V를 구할 수 있다.

일반정규모집단에서 카이제곱분포하는 V를 구하는 방법

모평균 μ, 모표준편차 σ인 정규모집단에서 **n개의 표본** $x_1, x_2, \cdots x_n$을 관측하고,

$$V = \left(\frac{x_1 - \mu}{\sigma}\right)^2 + \left(\frac{x_2 - \mu}{\sigma}\right)^2 + \cdots + \left(\frac{x_n - \mu}{\sigma}\right)^2$$

이라는 형태로 V를 계산하면 통계량 V는 자유도 n인 카이제곱분포를 한다.

그래서 일반적인 정규모집단의 표본으로 카이제곱분포 하는 통계량을 만들 수 있다면, 17−1에서 해설한 '**카이제곱분포의 95% 예언적중구간**'을 이용하여 모분산을 구간추정 할 수 있게 된다.

다만, 이 17강의에서는 '**모평균 μ를 알고 있다**'는 부자연스러운 상황에서의 추정을 설명하는 것이다. 이것은 우선 모분산의 추정법을 이해해기 위한 것으로, 다음 18강의에서는 이 가정과 반대되는 '모평균도 모른다'는 상황에서 추정을 하기 때문에 그 전에 잘 읽어 두길 바란다.

예제를 통해 추정 방법을 구체적으로 설명한다.

예제

어떤 나비의 몸길이 모집단은 모평균이 **80mm**인 정규모집단이라고 한다. 이때 관측된 3마리의 몸길이가 **76mm, 85mm, 83mm**일 경우, 모분산 σ^2의 **95%** 신뢰구간을 구하시오.

우선, 관측된 3마리의 표본에서 통계량 V를 만든다.
$$V = \left(\frac{x_1 - \mu}{\sigma}\right)^2 + \left(\frac{x_2 - \mu}{\sigma}\right)^2 + \cdots + \left(\frac{x_n - \mu}{\sigma}\right)^2$$
으로 관측값 $x_1=76$, $x_2=85$, $x_3=83$ 및 모평균 $\mu=80$을 알기 때문에 이

것을 수식에 대입한다.

$$V = \left(\frac{76-80}{\sigma}\right)^2 + \left(\frac{85-80}{\sigma}\right)^2 + \left(\frac{83-80}{\sigma}\right)^2$$
$$= \frac{(-4)^2}{\sigma^2} + \frac{5^2}{\sigma^2} + \frac{3^2}{\sigma^2} = \frac{16}{\sigma^2} + \frac{25}{\sigma^2} + \frac{9}{\sigma^2} = \frac{50}{\sigma^2}$$

이 V는(표본 수가 3이기 때문에) 자유도 3인 카이제곱분포를 하는 데이터 중의 하나라는 것을 알고 있다. 그래서 추정을 하는데 기본적으로 **'우리들은 95% 예언적중구간 중의 수치를 관측할 것'**이라는 생각을 하게 된다.

즉, 'σ를 사전에 알고 있고, 관측값으로 계산한 V의 값이 95% 예언적중구간에 들어가지 않는 σ는 기각한다'는 말이다.

기각하지 않고 받아들이는 모집단의 모분산 σ^2은 도표17-1이기 때문에

$$0.2157 \leq \frac{50}{\sigma^2} \leq 9.3484$$

를 만족시켜야 한다(만족시키지 않는 σ^2은 기각한다).

이 부등식을 풀면, **모분산 σ^2의 95% 신뢰구간**을 얻을 수 있다.

$0.2157\sigma^2 \leq 50 \leq 9.3484\,\sigma^2$ ← 세 곳에 σ^2을 곱한다 ⋯①

$\sigma^2 \leq \dfrac{50}{0.2157}$ ← ①의 부등식 왼쪽 두 곳을 0.2157로 나눈다 ⋯②

$\sigma^2 \leq 231.80$ ← 나눈 결과 ⋯③

$\dfrac{50}{9.3484} \leq \sigma^2$ ← ①의 부등식 오른쪽 두 곳을 9.3484로 나눈다 ④

$5.34 \leq \sigma^2$ ← 나눈 결과 ⋯⑤

$5.34 \leq \sigma^2 \leq 231.80$ ← ③과 ⑤를 합한다 ⋯⑥

이로써 모분산 σ^2에 관한 95% 신뢰구간은 5.34 이상 231.80 이하라는

것을 알았다. 다시 말해, 관측된 3마리의 몸길이로부터 모집단의 몸길이 모분산은 5.34 이상 231.80 이하의 수치일 것이라고 추정할 수 있다. 이것이 '**모평균을 알고 있을 때의 모분산의 구간추정**'이라는 것이다.

물론, 이 세 곳을 루트하면 모표준편차 σ의 구간추정을 얻을 수 있다.

$$\sqrt{5.34} \leq \sigma \leq \sqrt{231.80} \rightarrow 2.31 \leq \sigma \leq 15.22$$

가 된다.

제17강의 │ 정리

① 일반 정규모집단에서 카이제곱분포를 하는 V를 구하는 방법

모평균 μ, 모표준편차 σ의 정규모집단에서 n개의 표본 $x_1, x_2, \cdots x_n$를 관측하고,

$$V = \left(\frac{x_1 - \mu}{\sigma}\right)^2 + \left(\frac{x_2 - \mu}{\sigma}\right)^2 + \cdots + \left(\frac{x_n - \mu}{\sigma}\right)^2$$

이라는 형태로 V를 계산하면 통계량 **V는 자유도 n인 카이제곱분포를 한다**.

② 모평균 μ을 알고 정규모집단에서 n개의 데이터로부터 모분산 σ^2을 95% 신뢰구간으로 추정하기 위해서는 다음과 같은 단계로 계산하면 된다.

1단계 n개의 데이터로부터 ①의 방법으로 V를 계산한다. V는 (숫자/σ^2)라는 형태가 된다.

2단계 자유도 n인 카이제곱분포의 95% 예언적중구간을 도표로부터 a 이상 b 이하라는 형식으로 구한다.

3단계 $a \leq \frac{\text{숫자}}{\sigma^2} \leq b$라는 부등식을 만들고 이것을 σ^2에 관해서 푼다.

+ 연 | 습 | 문 | 제

어떤 나비의 몸길이 모집단은 모평균이 80mm인 정규모집단이라고 한다. 이때 관측된 4마리의 몸길이는 각각 76mm, 77mm, 83mm, 84mm이었다. 이때 모분산을 σ^2으로 하고, σ^2의 95% 신뢰구간을 구하시오(도표17-1 참조).

$$V = \left(\frac{()-()}{\sigma}\right)^2 + \left(\frac{()-()}{\sigma}\right)^2 + \left(\frac{()-()}{\sigma}\right)^2 + \left(\frac{()-()}{\sigma}\right)^2$$

$$= \frac{()}{\sigma^2} + \frac{()}{\sigma^2} + \frac{()}{\sigma^2} + \frac{()}{\sigma^2} = \frac{()}{\sigma^2}$$

V는 자유도 (　　)인 카이제곱분포를 따르기 때문에

(　　) ≤ $\frac{()}{\sigma^2}$ ≤ (　　)

을(를) 만족시키는 σ^2을 구하는 것이다. 이것을 풀면

$\frac{()}{()}$ ≤ σ^2 ≤ $\frac{()}{()}$

그래서 95% 신뢰구간은

(　　) ≤ σ^2 ≤ (　　)

이(가) 된다.

* 해답은 235쪽

표본분산의 분포는 카이제곱 분포
: 표본분산과 비례하는 통계량 W

1. 표본분산과 비례하는 통계량 W를 만드는 방법

앞 강의에서는 정규모집단에서 관측된 표본에서 모평균 μ를 뺀 수를 모표준편차 σ로 나누고, 이것을 제곱하고 모두 더하여 카이제곱분포를 따르는 통계량 V를 계산하고, 이 분포의 95% 예언적중구간을 이용하여 구간추정을 했다. 다만, 여기에서는 '모평균 μ를 알고 있다'는 조금 부자연스러운 가정을 두고 계산했다. 왜냐하면 데이터에서 모평균을 빼고, 모표준편차로 나눔으로써 표준정규분포를 하듯이 만들고, 이것을 제곱한 모든 것을 더한 것이 카이제곱분포가 되기 때문에 이러한 부자연스러운 지식이 필요로 했던 것이다.

그런데 이 V라는 통계량을 만들 때 나왔던

{(데이터)−(모평균 μ)}^{2}

이라는 계산이 데이터 표준편차(=표본표준편차)를 계산할 때 중간에 나오는 (편차)^{2}이라는 계산과 닮은 것에 주목해보자.

이 두 계산의 차이는 다음과 같다. 통계량 V는 데이터에서 '**모평균 μ를 빼고**' 있지만, 표본분산 s^{2}은 데이터에서 '**표본평균 $\bar{x}$를 빼고**' 편차를 만든다. 그러면 V는 카이제곱분포를 하는 통계량이 되는데, 여기에서 모평균 μ가 아니라 표본평균 $\bar{x}$를 빼고 제곱한 것들을 더하면 카이제곱분포를 하는 성질은 없어져 버리는 것일까?

사실 아주 조금만 변경하면 카이제곱분포인 성질은 유지된다.

V의 식인 모평균(μ)을 표본평균($\bar{x}$)으로 바꾸어

W={(표본)-(표본평균)}의 제곱÷(모분산)의 합

$$= \left(\frac{x_1 - \bar{x}}{\sigma}\right)^2 + \left(\frac{x_2 - \bar{x}}{\sigma}\right)^2 + \cdots \left(\frac{x_n - \bar{x}}{\sigma}\right)^2 \quad \cdots(1)$$

이라는 V와는 다른 통계량 W를 만든다.

사실은 이 W도 카이제곱분포를 하는 것을 알 수 있지만, 미리 이 **W가 표본분산 s^2에 비례하는 통계량**인 것을 설명해두도록 하겠다.

표본분산 s^2은

$$s^2 = \frac{(x_1 - \bar{x})^2 + (x_2 - \bar{x})^2 + \cdots (x_n - \bar{x})^2}{n} \quad \cdots(2)$$

였다. 여기에서는 **(1)과 (2)의 분자가 일치**하는 것에 주목해야 한다. 그러면 표본분산에 데이터 수 n을 곱해서 분모를 없앤 식과, W에 모분산 σ^2을 곱해서 분모를 없앤 식은 같다는 것을 알 수 있다. 즉,

표본분산 s^2에 데이터 수 n을 곱한 것=W에 모분산 σ^2를 곱한 것

$$n \times s^2 = \sigma^2 \times W$$

라는 관계식을 얻을 수 있다.

요약해 보면, **W는 표본분산에 비례하는 통계량**이 된다. 그렇기 때문에 W는 신기한 통계량이 아니라 표본분산을 아주 조금 가공한 정도의 것이라고 할 수 있다. 정리해 보면,

표본분산과 W의 관계식

① 표본분산 $s^2 = W \times$ (모분산 σ^2) $\div$ n
② W = (표본분산 s^2) $\times$ n $\div$ (모분산 σ^2)

2. 표본분산의 카이제곱분포는 자유도가 하나 낮은 수가 된다

1항에서도 설명했지만, 사실은 W={(표본)−(표본평균)}의 제곱÷(모분산)의 합으로 얻을 수 있는 통계량 W도 카이제곱분포를 따르는 것이 증명되어 있다. 다만, 자유도는 데이터 수가 아니라, '**데이터에서 1 빼기**'를 하는 것이 V와의 차이점이다. 법칙으로 정리해보면,

일반정규모집단에서 카이제곱분포를 따르는 W를 만드는 방법

모평균 μ, 모표준편차 σ인 정규모집단에서 n개의 표본 x_1, x_2, ⋯ x_n을 관측하여

W={(표본)−(표본평균)}의 제곱÷(모분산)의 합
$$= \frac{(x_1 - \bar{x})^2}{\sigma^2} + \frac{(x_2 - \bar{x})^2}{\sigma^2} + \cdots + \frac{(x_n - \bar{x})^2}{\sigma^2}$$

을 만들면, W는 자유도 (n−1)인 카이제곱분포를 따르는 통계량이 된다.

포인트는 단 하나다. n개의 표본으로 만든 것이지만, **자유도가 'n−1'**로, 데이터 수 n에서 1만큼 작아진다는 것이다. 왜 이렇게 되는지 궁금

해 할 독자들을 위해서 대략적인 설명을 [보충설명]에서 하도록 하겠다. 이 부분을 읽으면 도움이 되겠지만, 조금 어렵기 때문에 꼭 읽지 않아도 된다. 우리들은 단순히 통계학을 사용하려는 사람들이기 때문에 수학자의 성과를 신뢰하고 배워가는 것도 배우는 사람의 올바른 자세의 하나라고 생각한다. 그러면 지금까지 살펴본 법칙을 표본분산에 관해서 잘 고쳐보자.

앞 강의에서 이 통계량 W는 표본분산에 비례한다는 것을 설명했기 때문에 표본분산을 알고 있을 때 여기에서 카이제곱분포를 따르는 통계량을 만들어 낼 수 있었다.

일반정규모집단의 표본분산에서 카이제곱분포를 따르는 W를 구하는 방법

모평균 μ, 모표준편차 σ인 정규모집단에서 n개의 표본을 관측하여 계산한 표본분산을 s^2으로 할 때,

W=(표본분산 s^2)×n÷(모분산 σ^2)

을 만들면 W는 자유도 (n−1)인 카이제곱분포를 따르는 통계량이 된다.

마지막으로 예제를 통해 통계량 W에 대한 감각을 익혀보자.

예제

정규모집단에서 관측된 표본이 1, 5, 7, 9, 13이었다. 이때 통계량 W를 계산하시오. 또한 이 데이터는 어떤 분포를 하는지 밝히시오.

해답

W를 구하는 과정

정규모집단에서 5개 데이터는 1, 5, 7, 9, 13이다.

표본평균 $\bar{x} = \dfrac{1+5+7+9+13}{5} = 7$

표본분산

$$s^2 = \dfrac{(1-7)^2 + (5-7)^2 + (7-7)^2 + (9-7)^2 + (13-7)^2}{5}$$
$$= \dfrac{(-6)^2 + (-2)^2 + 0^2 + 2^2 + 6^2}{5} = \dfrac{80}{5} = 16$$

(표본표준편차 s=4가 된다는 것)

따라서

$$W = \dfrac{ns^2}{\sigma^2} = \dfrac{5 \times 16}{\sigma^2} = \dfrac{80}{\sigma^2}$$

이것은 자유도 (5−1)=4인 카이제곱분포를 한다!

▶ **도표 18-1** 표본분산은 카이제곱분포의 친척

표본분산(s^2)과 W와의 관계식

$\dfrac{ns^2}{\sigma^2} = W$ 즉, $\dfrac{(\text{데이터 수}) \times (\text{표본분산})}{\text{모분산}} = W$

여기에서 W는 자유도 (n-1)인 카이제곱분포를 따른다는 것을 알고 있기 때문에 표본분산도 대략 카이제곱분포라고 간주해도 좋다(실제로는 정수배만 같다)

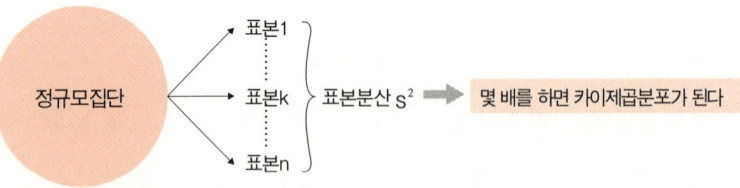

또는 직접 다음과 같이 구해도 된다.
$$W = \frac{(1-7)^2 + (5-7)^2 + (7-7)^2 + (9-7)^2 + (13-7)^2}{\sigma^2} = \frac{80}{\sigma^2}$$

제18강의 | 정리

① 새로운 통계량 W는 다음과 같이 정의된다.
   W={(표본)-(표본평균)}의 제곱÷(모분산)의 합
   $$= \frac{(x_1 - \bar{x})^2}{\sigma^2} + \frac{(x_2 - \bar{x})^2}{\sigma^2} + \cdots + \frac{(x_n - \bar{x})^2}{\sigma^2}$$

② 표본분산과 W의 관계식
   (i) 표본분산 s^2=W×(모분산 σ^2)÷n
   (ii) W=(표본분산 s^2)×(데이터 수 n)÷(모분산 σ^2)

③ 일반정규모집단에서 카이제곱분포를 따르는 W를 구하는 방법
   모평균 μ, 모표준편차 σ인 정규모집단에서 n개의 표본 $x_1, x_2, \cdots x_n$을 관측하여
   W={(표본)-(표본평균)}의 제곱÷(모분산)의 합
   $$= \frac{(x_1 - \bar{x})^2}{\sigma^2} + \frac{(x_2 - \bar{x})^2}{\sigma^2} + \cdots + \frac{(x_n - \bar{x})^2}{\sigma^2}$$
   을 만들면, W는 자유도 (n-1)인 카이제곱분포를 따르는 통계량이 된다.

④ 일반정규모집단의 표본분산에서 카이제곱분포를 따르는 W를 구하는 방법
   모평균 μ, 모표준편차 σ인 정규모집단에서 n개의 표본을 관측하고 계산한 표본분산을 s^2으로 할 때,
   W=(표본분산 s^2)×(데이터 수 n)÷(모분산 σ^2)
   을 만들면, W는 자유도 (n-1)인 카이제곱분포를 따르는 통계량이 된다.

+ 연 습 문 제

정규모집단에서 4개의 데이터를 추출하니 3, 9, 11, 17이었다. 이때 표본평균은
$\bar{x}=(\quad)$

다음으로 표본분산을 계산하시오.
$$s^2 = \frac{(\quad)^2 + (\quad)^2 + (\quad)^2 + (\quad)^2}{(\quad)} = (\quad)$$

그래서 표본표준편차 $s=(\quad)$이다.

그리고 모분산 σ^2을 사용해서 W를 계산하시오.
$$W = \frac{ns^2}{\sigma^2} = \frac{(\quad) \times (\quad)}{\sigma^2} = \frac{(\quad)}{\sigma^2}$$

이 W는 자유도 ($\quad$)인 카이제곱분포를 따르는 데이터가 된다.

* 해답은 235쪽

+ 보 충 설 명

W 자유도가 V 자유도보다 1만큼 작은 이유

두 개의 통계량 V와 W는

$$V = \frac{(x_1 - \mu)^2}{\sigma^2} + \frac{(x_2 - \mu)^2}{\sigma^2} + \cdots + \frac{(x_n - \mu)^2}{\sigma^2}$$

$$W = \frac{(x_1 - \bar{x})^2}{\sigma^2} + \frac{(x_2 - \bar{x})^2}{\sigma^2} + \cdots + \frac{(x_n - \bar{x})^2}{\sigma^2}$$

과 같이 정의되며, 이 둘의 차이는 모평균 μ를 빼든지, 표본평균 $\bar{x}$를 빼는 것이었다.

V는 역시 이 계산에서 표준정규분포를 따르는 데이터를 제곱하고 모두 더하기 때문에 카이제곱분포의 정의에 맞지만, W의 경우는 $\bar{x}$를 빼는 만큼 이 다르기 때문에 표준정규분포가 나올지의 여부는 명확하지 않다.

표본분산의 분포는 카이제곱분포 : 표본분산과 비례하는 통계량 W

그런데 W도 잘 변형하면, '표준정규분포를 따르는 데이터를 제곱하고 더했다'고 할 수 있지만, 이것을 일반적으로 계산하면 거대한 수학적 도구를 사용해 식을 변형해야 하기 때문에 여기에서는 아주 간단한 경우를 계산하여 분위기만을 맛볼 수 있도록 하겠다.

표본이 2개인 경우에 식을 변형해보자.

관측된 표본을 x_1과 x_2라고 하면 표본평균은,
$\bar{x} = \dfrac{(x_1 + x_2)}{2}$가 된다.

이때 (표본)-(표본평균)=(편차)를 계산하면,

$$x_1 - \bar{x} = x_1 - \dfrac{(x_1 + x_2)}{2} = \dfrac{(x_1 - x_2)}{2}$$

$$x_2 - \bar{x} = x_2 - \dfrac{(x_1 + x_2)}{2} = \dfrac{(x_2 - x_1)}{2}$$

이 된다.

여기에 제곱을 하고 더한 뒤, 모분산 σ^2으로 나누면 W이기 때문에

$$\text{제곱의 합} = \left\{\dfrac{(x_1 - x_2)}{2}\right\}^2 + \left\{\dfrac{(x_2 - x_2)}{2}\right\}^2 = \dfrac{(2x_1^2 - 4x_1 x_2 + 2x_2^2)}{4}$$

$$= \dfrac{(x_1 - x_2)^2}{2}$$

$$W = \dfrac{(x_1 - x_2)^2}{(2\sigma^2)} = \dfrac{\{(x_1) + (-x_2)\}^2}{(2\sigma^2)} = \left\{\dfrac{(x_1) + (-x_2)}{\sqrt{2}\,\sigma}\right\}^2$$

이 식 중에 x_1의 분포는 평균값 μ의 정규분포고, $-x_2$의 분포는 평균값 $(-μ)$의 정규분포기 때문에, 이 둘을 더한 $(x_1) + (-x_2)$는 평균값 0인 정규분포다(이 책에서 증명은 하지 않지만, '총합의 평균값=평균값의 총합'이라는 법칙을 사용했다).

또한 x_1의 분포는 분산 σ^2의 정규분포고, $-x_2$의 분포도 분산 σ^2의 정규분포기 때문에 더한 $(x_1) + (-x_2)$는 분산 $2\sigma^2$, 즉 표준편차가 $\sqrt{2}\,\sigma$인

정규분포가 된다(이 또한 책에서 증명은 하지 않지만, '총합의 평균값=평균값의 총합'이라는 법칙을 사용했다).

그래서 $(x_1)+(-x_2)$에서 평균값 0을 빼고, 표준편차인 $\sqrt{2}\sigma$로 나눈 $\dfrac{(x_1)+(-x_2)}{\sqrt{2}\sigma}$는 **표준정규분포를 따른다**

이것으로 위의 식을 제곱하여 얻은 W는 자유도 1인 카이제곱분포를 따른다는 것이 밝혀졌다.

여기에서 원래 데이터 수는 2개였는데 **자유도가 1 감소하는 데 주목해야 한다**. 이렇게 되는 이유는 다음과 같다.

'W가 왜 카이제곱분포를 하는가'라는 것은 W가 식 변형된 표본끼리의 뺄셈이 있어서 평균을 0으로 하기 때문에 V에서 모평균을 뺀 것과 같은 효과(평균이 0이 되는 효과)를 얻게 된다. 다음으로 'W의 자유도가 왜 데이터 총 개수에서 1만큼 작아져 버리는가'라는 것은 W = ( )² + ( )²를 V형으로 변형하면 ( )²이 된다. 즉, ( )² + … + ( )²의 제곱의 개수가 1개만큼 작아지기 때문이다.

이것으로 2개가 아니라 일반적으로 n개의 경우에도 대략 같아지도록 논의할 수 있지만, 이 경우, 구체적인 계산은 힘들기 때문에 더욱 강력한 수학의 무기가 필요하다.

모평균이 미지인 정규모집단을 구간추정

: 모분산은 모평균을 몰라도 추정 가능

1. 모평균을 몰라도 모분산을 추정

앞 강의에서 표본분산 s^2과 비례하는 통계량 W가 카이제곱분포를 한다는 것을 알았다. 표본분산의 계산에는 모평균 μ를 사용하지 않는 대신에 표본평균 $\bar{x}$를 사용하기 때문에 W의 분포를 사용하기 위해서는 모평균을 몰라도 상관이 없다. 이로써 바라던 추정 방법을 드디어 알 수 있게 되었다. 즉, '**정규모집단에서 필요 없는 지식은 아무것도 가정하지 말고 추정한다**'는 방법론이다.

이번 19강의에서는 '**모평균도 모분산도 모르는 정규모집단에서 나온 표본에서 모분산(또는 모표준편차)'을 추정한다**는 구간추정의 방법을 설명한다. 눈치가 빠른 독자라면 지금 다음과 같은 의문을 가질지도 모른다.

'왜 모분산을 먼저 다룰까? 모평균의 추정을 먼저 다루는 것이 자연스럽지 않을까?'

물론 이 생각이 맞다. 모평균이 기본적인 모수이기 때문에 이것을 먼저 다루고 싶은 마음이 굴뚝같을 것이다. 하지만 실제로 지금의 단계(정규분포와 카이제곱분포밖에 모르는 단계)에서는 그렇게 할 수 있는 지식이 부족하다. 모평균을 추정하기 위해서는 t분포라고 하는 새로운 분포를 공부해야 한다. 이것은 제20, 21강의에서 설명하기 때문에 우선은 모분산을 추정하는 방법부터 완성해두도록 하자.

지금까지의 앞 강의에서 정규모집단에서 관측된 n개의 표본에서 표본분산 s^2을 만들고, 이것을 W라는 통계량으로 변환하면, 이것은 **자유도 (n−1)**인 카이제곱분포를 한다는 사실을 알았다.

카이제곱분포에 대해서는 95% 예언적중구간을 알고 있기 때문에 이것으로 모분산의 구간추정을 할 수 있는데, 다음과 같은 순서로 계산하면 된다.

1단계

관측된 n개의 데이터에서 우선 표본평균 $\bar{x}$를 계산한다. 다음으로 이것을 사용하여 편차를 만들어 제곱하고 모두 더한 것을 n으로 나누어 표본분산 s^2을 계산한다.

2단계

표본분산 s^2에 n을 곱하고 모분산 σ^2으로 나누어 통계량 W를 만든다.

3단계

자유도 (n−1)인 95% 예언적중구간을 조사한다.

4단계

W가 3단계의 구간에 들어가는 σ^2을 남기고, 들어가지 않은 σ^2을 기각시킨다. 그리고 모분산 σ^2의 95% 신뢰구간을 구한다.

바로 알 수 있듯이 1단계와 2단계에서 n으로 나누고 n을 곱하는 필요 없는 계산을 하기 때문에 실용적으로는 이 둘을 합한 다음과 같은 순서로 계산해도 무방하다.

1단계 + 2단계

관측된 n개의 데이터에서 우선 표본평균 $\bar{x}$를 계산한다. 그리고 이것을 사용하여 편차를 만들고, 이것을 제곱하고 더한 것을 모분산 σ^2으로 나누어 통계량 W를 만든다.

이러한 단계를 통해서 바라던 '정규분포인 것 말고는 모르는 모집단의 모수를 추정하는 것'이 드디어 실현되었다. 이것이 가능해진 이유는 **표본평균을 사용해도 카이제곱분포를 따르는 통계량 W를 얻을 수 있다는 것을 알았기 때문**이었다.

2. 모분산 추정의 구체적인 예

그러면 W를 사용하여 모분산을 추정하는 구체적인 예를 들어보자.

예제

어떤 나비의 몸길이가 정규모집단이라고 한다. 관측된 5마리의 몸길이가 76mm, 85mm, 82mm, 80mm, 77mm이었을 때, 모분산 σ^2의 95% 신뢰구간을 구하시오.

해답

추정하고 싶은 모분산 σ^2을 포함한 통계량 W를 관측한 5개의 데이터로부터 계산하고, 이것이 자유도 (5−1)=4인 카이제곱분포를 따르기 때문에 그 W의 수치가 95% 예언적중구간에 들어가지 않는 σ^2은 기각하고, 남은 σ^2을 추정한 결과로 보는 과정으로 계산한다. 그러면 직접 계산을 해보도록 하자.

1단계

표본평균을 계산한다.
$$\bar{x} = \frac{76 + 85 + 82 + 80 + 77}{5} = 80$$
표본분산을 계산한다.
$$s^2 = \frac{(-4)^2 + (+5)^2 + (+2)^2 + 0^2 + (-3)^2}{5} = 10.8$$

2단계

W를 만든다.
$$W = \frac{ns^2}{\sigma^2} = \frac{5 \times 10.8}{\sigma^2} = \frac{54}{\sigma^2}$$

3단계

자유도 (5-1=) 4인 카이제곱분포의 95% 예언적중구간은 도표17-1에 의해

0.4844 ~ 11.1433

4단계

부등식을 푼다.

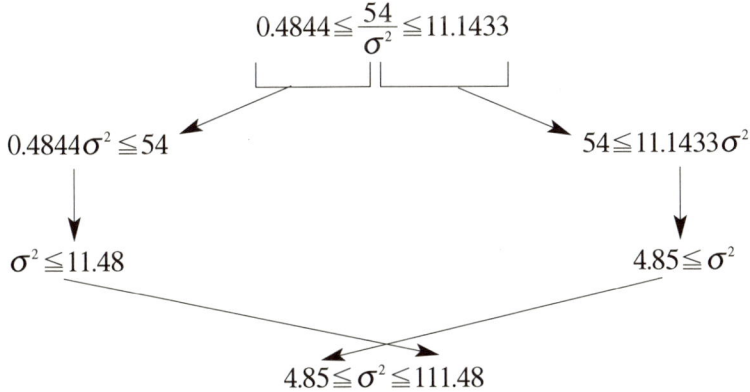

이것으로 나비의 몸길이 모분산의 95% 신뢰구간은

4.85 ≤ σ^2 ≤ 111.48

로 구할 수 있다. 이 해답을 보고서 '수가 조금 큰 것이 아닐까'라고 생각한 독자는 이것이 '분산'이라는 사실을 잊어버린 것이다.

나비의 몸길이 평균에서 어느 정도 퍼져 있는가 하는 **흩어진 정도를 나타내는 지표는 모표준편차**고, 이것은 **모분산에 루트를 씌움**으로써 구할 수 있기 때문에

$$\sqrt{4.85} \leq \sigma \leq \sqrt{111.48}$$

을 계산한 모표준편차는

$$2.2 \leq \sigma \leq 10.6$$

으로 추정할 수 있다.

제19강의 | 정리

모평균이 미지인 정규모집단의 모분산을 구간추정 하는 방법은

1단계
관측된 n개의 데이터에서 우선 표본평균 $\bar{x}$를 계산한다. 다음으로 이것을 사용하여 편차를 만들고, 이것을 제곱하고 모두 더한 것을 n으로 나누어 표본분산 s^2를 계산한다.

2단계
표본분산 s^2에 n을 곱하고 모분산 σ^2으로 나누어 통계량 W를 만든다.

3단계
자유도 (n−1)인 95% 예언적중구간을 조사한다.

4단계
W가 3단계의 구간에 들어가는 σ^2을 남기고, 들어가지 않은 σ^2을 기각시킨다. 그리고 모분산 σ^2의 95% 신뢰구간을 구한다.

+ 연습문제

어떤 나비의 몸길이를 정규모집단이라고 한다. 관측된 4마리의 몸길이가 76mm, 77mm, 83mm, 84mm이었다고 한다. 이 때, 모분산 σ^2의 95% 신뢰구간을 구하시오.

$$s^2 = \frac{\{(\quad) - (\quad)\}^2 + \{(\quad) - (\quad)\}^2 + \{(\quad) - (\quad)\}^2 + \{(\quad) - (\quad)\}^2}{(\quad)}$$

$$= \frac{(\quad)^2 + (\quad)^2 + (\quad)^2 + (\quad)^2}{(\quad)} = (\quad)$$

모평균이 미지인 정규모집단을 구간추정 : 모분산은 모평균을 몰라도 추정 가능

그리고 W를 계산한다.

$$W = \frac{(\quad)}{\sigma^2}$$

W는 자유도 (　)의 카이제곱분포를 따르기 때문에

$$(\quad) \leq \frac{(\quad)}{\sigma^2} \leq (\quad)$$

을(를) 만족시키는 σ^2을 구하는 것이다.

이것을 풀면

$$\frac{(\quad)}{(\quad)} \leq \sigma^2 \leq \frac{(\quad)}{(\quad)}$$

그래서 95% 신뢰구간은

$$(\quad) \leq \sigma^2 \leq (\quad)$$

이(가) 된다.

* 해답은 235쪽

20강의 t분포

: 모평균 이외의 것은 '현실에서 관측된 표본'으로 계산할 수 있는 통계량

1. t분포

앞 강의에서 우리는 모분산에 대한 자연스러운 추정이 가능하다는 것을 살펴보았다. 이것은 모집단이 정규분포 한다는 지식만 갖고서 모집단의 특성을 나타내는 중요한 모수인 모분산 σ^2(또는 모표준편차 σ)을 추정하는 기술이었다. 어떻게 해서 이런 일이 가능한지 다시 살펴보도록 하자.

정규모집단에서 n개의 데이터 $x_1, x_2, \cdots x_n$을 구체적으로 관측했을 때, 이 데이터들의 표본평균 $\bar{x}$는 간단히 계산할 수 있는 통계량이다. 그리고 n개의 편차 $x_1 - \bar{x}, x_2 - \bar{x}, \cdots x_n - \bar{x}$ 역시 구체적인 데이터만으로 계산할 수 있는 통계량이다.

그런데 이러한 것을 제곱하고 모두 더한 것을 모분산 σ^2으로 나눈 W라는 통계량이 카이제곱분포라고 하는, 상대도수를 완전히 알고 있는 분포가 되었기 때문에 그 95% 예언적중구간을 사용하여 σ^2의 구간추정을 하는 것이 가능했다. 즉, 모분산 σ^2 이외에는 현실에 관측된 표본들만을 사용하여 계산할 수 있는 통계량이며, 그 분포를 확실히 알 수

t분포 : 모평균 이외의 것은 '현실에서 관측된 표본'으로 계산할 수 있는 통계량

있는 것을 찾았기 때문에 가능해진 것이다.

그러면 이와 마찬가지로, 모집단에 대해 정규분포라는 지식만 갖고서 모집단의 특성을 나타내는 또 하나의 중요한 모수인 **모평균 μ를 추정**할 수 있을까?

지금까지의 분석을 바탕으로 하면 **모평균 μ 이외에는 현실에 관측된 표본들만을 사용하여 계산할 수 있는 통계량이며, 그 분포를 확실히 알 수 있는 것**을 찾으면 가능하다. 이런 통계량을 발견한 사람은 영국의 **고셋**이라는 화학자다. 학술잡지에 논문을 투고할 때, '스튜던트'라는 겸손한 필명을 사용하였기 때문에 지금은 '**스튜던트 t분포**'로 불리는 'T'라는 통계량이다. 여기에서는 통계량 T가 어떠한 것인지에 대한 이론은 제쳐두고, 먼저 통계량 그 자체를 살펴보자.

통계량 T는 다음과 같은 순서로 계산한다.

정규모집단에서 n개의 데이터 $x_1, x_2, \cdots x_n$을 구체적으로 관측한다.

1단계

데이터 n개의 표본평균 $\bar{x}$를 계산한다.

($\bar{x} = \dfrac{x_1 + x_2 + \cdots x_n}{n}$으로 계산한다)

2단계

데이터 n개의 표본표준편차 s를 계산한다.

($s = \sqrt{\dfrac{(x_1 - \bar{x})^2 + (x_2 - \bar{x})^2 + \cdots + (x_n - \bar{x})^2}{n}}$으로 계산한다)

3단계

표본평균 $\bar{x}$에서 모평균 μ를 빼고, 표본표준편차 s로 나누며 데이터 수에서 1을 뺀 수에 루트를 한 $\sqrt{n-1}$를 곱한다. **이것이 통계량 T**가 된다.

$$T = \frac{(\bar{x}-\mu)\sqrt{n-1}}{s} \quad \cdots ①$$

이렇게 계산된 T라는 통계량은 그 계산에서 **모평균 μ 이외에는 모두 관측된 데이터만으로 계산하는 것**을 볼 수 있다. 그래서 이 T의 분포를 확실히 안다면 95% 예언적중구간을 만들 수 있고, 이것을 이용하면 모평균 μ를(모분산 σ^2이나 모표준편차 σ를 모른 채로) 구간추정 할 수 있다.

여기서 이 '통계량 T'에 대해 잠깐 알아보자.

모평균 μ, 모표준편차 σ인 정규모집단에서 관측된 n개의 데이터 x_1, $x_2, \cdots x_n$의 표본평균 $\bar{x}$의 분포가 평균 μ, 표준편차 $\frac{\sigma}{\sqrt{n}}$인 정규분포를 따른다는 것은 제14강의 1항에서 설명했다. 그래서 $\bar{x}$에서 평균값 μ를 빼고, 표준편차 $\frac{\sigma}{\sqrt{n}}$로 나눈 통계량 $z = \frac{(\bar{x}-\mu)}{\frac{\sigma}{\sqrt{n}}}$는 표준정규분포를 따르고, σ를 알고 있으면 구간추정을 할 수 있다(제15강의 참조). 그러나 모집단에서는 **모표준편차 σ를 모르는 것이 일반적인 상황**이다. 그렇기 때문에 고셋 이전의 학자들은 σ 대신에 표본표준편차 s를 이용하여 $\frac{(\bar{x}-\mu)}{\frac{s}{\sqrt{n}}} = \frac{(\bar{x}-\mu)\sqrt{n}}{s}$이라는 통계량을 만들어, 같은 방법으로 μ를 추정했다.

분명히 σ 대신에 s를 사용해도 표본 수 n이 크면 이것도 정규분포라고 간주할 수 있기 때문에 바른 추정이 되며 문제 될 것이 없었다. 그런데 표본 수 n이 작을 때는 정규분포와 무시할 수 없을 정도로 큰 차이가 발생한다는 것을 고셋은 알았다. 그래서 이 분포를 정확히 구하려는 과정에서 t분포를 발견하게 되었다(①에서 통계량 T의 분자 루트 안이 n이 아니라 n−1이 되는 것은 자유도 관계이지만 그렇게 중요한 내용은 아니기 때문에 신경 쓰지 않아도 된다).

그런데 t분포의 정식적인 정의는 사실 이 ①의 통계량 T에 의한 것과는 다르다. 정식적인 정의는 '표준정규분포'와 '카이제곱분포'로 이루어지지만, 이것이 어떤 것이고, 왜 ①식의 T라는 계산과 일치하는가 하는 것에 대해서는 4항에서 설명한다.

2. t분포의 히스토그램

통계량 $T = \dfrac{(\bar{x} - \mu)\sqrt{n-1}}{s}$ 의 분포를 '**자유도 n−1인 t분포**'라고 부른다. 이 분포는 정규분포와 아주 비슷하고, 히스토그램(연속적이기 때문에 곡선이 된다)은 도표20−1과 같다.

대부분 정규분포의 그래프와 닮았지만, 정규분포보다 조금 완만하게 가운데가 볼록한 모양을 하고 있다. 즉, **정규분포보다 볼록한 부분이 약간 낮고, 그만큼 완만한 곳은 높다**는 말이다.

▶ **도표 20-1** t분포와 정규분포

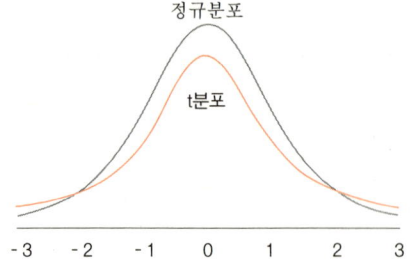

또한 도표20-2를 보면 알겠지만, 자유도(표본 수-1)가 커짐에 따라서 점점 가운데가 볼록한 그래프가 된다(0에 가까운 상대도수가 커진다는 의미).

t분포의 상대도수는 고셋이나 다른 수학자들에 의해서 정확히 계산되었다. 그래서 정규분포나 카이제곱분포와 같고, 95% 예언적중구간을 만들 수 있다. 이 내용은 제21강의에서 자세히 설명한다.

▶ **도표 20-2** t분포는 어떤 분포인가

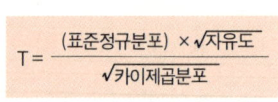

라는 식으로 데이터를 가공하면
T는 t분포라는 특수한 분포가 된다

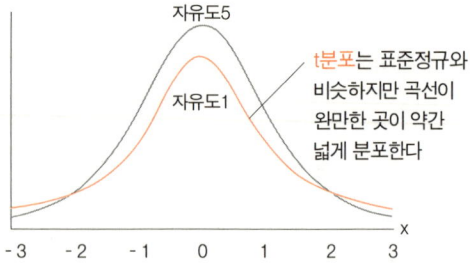

3. 통계량 T의 계산

통계량 T를 계산하는 구체적인 예를 들어보자(여기에서는 편의적으로 모평균 μ를 알고 있는 것으로 가정하지만, 물론 다음 강의에서의 구간추정은 '미지의 μ'를 추정하기 때문에 사실은 모르는 것이다).

예제

모평균 $\mu=6$인 정규모집단에서 5개의 데이터 **1, 5, 7, 9, 13**이 관측되었다. 이때 통계량 **T**를 계산하시오.

1단계

5개 데이터의 표본평균 $\bar{x}$를 계산한다.
$$\bar{x} = \frac{1+5+7+9+13}{5} = 7$$

2단계

5개 데이터의 표본표준편차 s를 계산한다.
$$s^2 = \frac{(1-7)^2 + (5-7)^2 + (7-7)^2 + (9-7)^2 + (13-7)^2}{5}$$
$$= \frac{(-6)^2 + (-2)^2 + 0^2 + 2^2 + 6^2}{5} = 16$$
$$s = \sqrt{16} = 4$$

3 단계

통계량 T를 계산한다.

$$T = \frac{(\bar{x} - \mu)\sqrt{n-1}}{s} = \frac{(7-6)\sqrt{5-1}}{4} = 0.5$$

이렇게 통계량 T를 계산할 수 있다.

4. t분포의 정식적인 정의

t분포의 정의

t분포의 정식적인 정의는 다음과 같다.

표준정규분포를 따르는 데이터 z와 (이것과 독립적으로)자유도 k의 카이제곱분포를 하는 데이터 W로부터

$$T = \frac{z\sqrt{k}}{\sqrt{W}} \quad \cdots ②$$

$$= (표준정규분포의 데이터 z) \times \sqrt{(W의 자유도 k)}$$

$$\div \sqrt{(카이제곱분포 W)}$$

라고 계산되는 **통계량 T는 자유도 k의 t분포를 한다.**

이것을 말로 설명하면 이렇다. 어떠한 표준정규분포 하는 데이터와 카이제곱분포 하는 데이터가 있다. 앞의 데이터를 루트를 씌운 뒤의 데이터로 나누고, 끝으로 루트를 씌운 후자의 자유도를 곱하면, 이것이 t분포가 된다는 말이다('독립'이라는 조건은 신경 쓰지 않는다). 1항의 ① 식으로 정의한 통계량 T가 앞에서 설명한 ②로 정의된 T의 일종이 되는

t분포 : 모평균 이외의 것은 '현실에서 관측된 표본'으로 계산할 수 있는 통계량

것을 구체적인 계산으로 확인해보자.

정규모집단의 모평균을 μ로 하고, 모분산을 σ^2으로 한다. 이때, n개의 표본으로 계산한 표본평균 $\bar{x}$는 평균 μ, 표준편차 $\frac{\sigma}{\sqrt{n}}$인 정규분포를 따른다.

그래서 표본평균에서 그 평균값 μ를 빼고 그 표준편차 $\frac{\sigma}{\sqrt{n}}$로 나누면

$$U = \frac{(\bar{x} - \mu)}{\frac{\sigma}{\sqrt{n}}} \quad \cdots(1)$$

은 **표준정규분포를 따르는 통계량**이 된다.

한편, 표본분산 s^2에 데이터 수 n을 곱하고 모분산 σ^2으로 나누면

$$W = \frac{s^2 n}{\sigma^2} \quad \cdots(2)$$

는 **자유도 (n−1)인 카이제곱분포를 따른다**는 것을 제18강의의 2항에서 설명했다.

그래서 (1)에서 얻은 표준정규분포를 따르는 U와 (2)에서 얻은 카이제곱분포를 따르는 W를(t분포 정의) 알맞은 위치에 대입하여 얻은 T는 **t분포를 따른다**.

대입해서 구체적으로 계산한 것이 도표20-3이다. 약분 등으로 식을 줄여 정리한 것을 살펴보자.

복잡한 계산이지만 확실히 $\frac{(\bar{x} - \mu)\sqrt{n-1}}{s}$이라는 계산을 변형하면,

(표준정규분포의 데이터z)$\times \sqrt{\text{(W의 자유도k)}} \div \sqrt{\text{(카이제곱분포W)}}$

라는 형식의 계산과 같다는 것이 확실해졌다. 이 계산에서 가장 중요한 것은 U와 W가 함께 모분산 σ를 포함한 것으로 σ가 약분되어 없

> 도표 20-3 t분포의 계산식

$$\frac{U\sqrt{n-1}}{\sqrt{W}} = \frac{\left(\dfrac{\bar{x}-\mu}{\sigma/\sqrt{n}}\right)\sqrt{n-1}}{\sqrt{\dfrac{s^2 n}{\sigma^2}}}$$

$$= \left(\frac{\bar{x}-\mu}{\sigma/\sqrt{n}}\right)\sqrt{n-1}\,\frac{\sigma}{s\sqrt{n}}$$

$$= \frac{(\bar{x}-\mu)\sqrt{n-1}}{s}$$

어지는 것이다. 이것으로 σ를 포함하지 않는 μ만을 포함한 통계량을 얻을 수 있는 구조가 되었다.

제20강의 정리

① **모평균 μ와 표본으로 통계량 T 계산**

모평균 μ의 정규모집단에서 n개의 표본에 대한 표본평균을 $\bar{x}$로 하고, 표본표준편차를 s로 하면 이것으로 계산할 수 있다

$$T = \frac{(\bar{x}-\mu)\sqrt{n-1}}{s}$$

=(표본평균−모평균)÷(표본표준편차)×$\sqrt{\text{자유도}}$

는 자유도 (n−1)인 t분포를 따른다.

② t분포는 상대도수를 확실히 알고 있는 분포다. 대부분의 정규분포와 같은 모양을 하지만, 정규분포보다 약간 완만한 모양을 하며, **정상 부분이 약간 낮고, 그만큼 완만한 곳이 높다.**

연습문제

모평균 $\mu=12$인 정규모집단에서 3, 9, 11, 17이라는 4개의 데이터를 추출했다. 아래의 순서에 따라서 T의 값을 계산하시오.

표본평균은 $\bar{x}=(\quad)$
다음으로 표본분산 s^2을 계산하시오.

$$s^2 = \frac{\{(\quad)-(\quad)\}^2 + \{(\quad)-(\quad)\}^2 + \{(\quad)-(\quad)\}^2 + \{(\quad)-(\quad)\}^2}{(\quad)}$$
$= (\quad)$

그래서 표본표준편차 $s=(\quad)$이다.
지금부터 T 값을 계산하시오.

$$T = \frac{(\bar{x}-\mu)\sqrt{n-1}}{s} = \frac{(\quad)\sqrt{(\quad)}}{(\quad)} = (\quad)$$

* 해답은 236쪽

COLUMN

t분포의 발견은 기네스 맥주 덕분

　t분포를 발견하여 소표본을 갖고 자연스러운 추정을 가능하게 한 고셋(1876~1936)이라는 화학자는 옥스퍼드 대학교를 졸업한 뒤에 유명한 맥주회사인 기네스 사에서 일했다. 고셋은 기네스 사에서 맥주 관리와 개발을 위한 연구 업무를 맡아 했지만, 보리나 홉과 같은 맥주 원료와 제조조건과의 관계를 분석하기 위해서는 표본 수를 크게 할 수 없기 때문에 **소표본을 갖고 추정하는 기술이 필요하다는 것을 느끼게 되었다.**

　그래서 고셋은 악전고투한 끝에 **t분포의 방법론을 발견**하고, '스튜던트'라는 겸손한 필명으로 논문을 투고했다. 이것은 지금 시점에서 보면 획기적인 발견으로 주목받을 만하지만, 당시에는 별로 주목받지 못했으며, 실제로 당시의 t분포의 중요성에 대해 느낀 사람은 통계학의 대부 R. A. 피셔 정도였다. 하지만 피셔는 고셋을 두고 '통계학의 패러데이(영국의 물리학자이자 화학자/1791~1867)'라고까지 했을 정도로 이 발견을 높이 평가했다.

당시는 별로 인정받지 못했던 이 t분포가 **지금은 어떤 통계학 책이든지 빠지지 않고 등장**하게 되었기 때문에 과학적인 발견이라는 가치를 인정받기 위해서 얼마만큼의 시간이 걸리는지를 나타내는 에피소드라고 할 수 있다.

21강의 t분포로 구간추정

: 정규모집단에서 모분산을 모를 때의 모평균 추정

1. 가장 자연스러운 구간추정 - t분포

지금까지 기나긴 길을 지나왔다. 독자 여러분도 중간 중간 포기할까 고민했겠지만, 어느새 마지막 강의까지 왔다.

앞 강의에서 설명한 t분포를 알게 됨으로써 통계적 추정 가운데 가장 자연스럽고 가장 쓸모 있으면서 가장 자주 사용할 수 있는 방법론이 지금 눈앞에 있다. 그것은 '**모집단이 정규분포라는 것만 알고 모분산은 모르는 경우, 소표본에서 모평균을 추정한다**'는 방법론이다. 이럴 때는 다음과 같은 방법으로 계산할 수 있다.

정규모집단에서 n개의 표본을 관측했을 때,

$$T = (표본평균 - 모평균) \div (표본표준편차) \times \sqrt{n-1}$$

이라는 통계량을 만들면, 완전하게 상대도수가 파악되는 분포인 t분포가 된다는 것을 앞 강의에서 설명했다. 이렇게 하면 **95% 예언적중구간을 만들 수 있고, 이것을 이용해 검정이나 구간추정을 할 수 있게 된다.**

t분포의 95% 예언적중구간은 도표21-1로 얻을 수 있다. 예를 들어,

자유도가 10인 경우는 '자유도 10' 부분의 숫자 2.228을 선택한다. 그리고 95% 예언적중구간은 0을 축으로 한 대칭구간인 −2.228≦T≦+2.228로 구하면 된다. 다시 말해서 '자유도가 10'이며 t분포를 따르는 데이터 T를 예언하면, 다시 말해 −2.228≦T≦+2.228의 범위를 예언하면, '95% 맞는다'.

▶ 도표 21-1 t분포의 예언적중구간

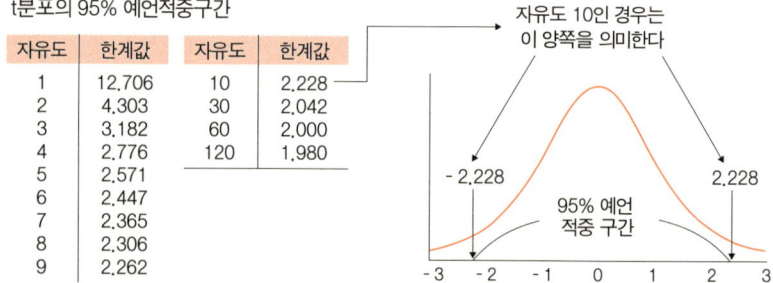

t분포의 95% 예언적중구간

자유도	한계값	자유도	한계값
1	12.706	10	2.228
2	4.303	30	2.042
3	3.182	60	2.000
4	2.776	120	1.980
5	2.571		
6	2.447		
7	2.365		
8	2.306		
9	2.262		

자유도가 120이 되면 한계값이 1.980이 되어 1.96에 가깝다
이것은 자유도가 커지면 t분포는 정규분포에 가까워진다는 것을 의미한다

그러면 T는 모집단에 관한 정보를 모평균 μ만 포함하고 있지 않다.

그래서 표본을 구체적으로 얻은 것을 바탕으로, 어떤 **모평균 μ의 수치를 가정하면 통계량 T를 계산할 수 있다.** 이 계산된 T의 수가 95% 예언적중구간에 들어있지 않으면 μ는 기각한다. 이것이 '검정'의 발상이다(도표21-2).

구체적으로 살펴보기 위해서 제20강의 3항에 있는 **예제**를 다시 한 번 보도록 하자.

지금 1, 5, 7, 9, 13이라는 5개의 표본을 정규모집단에서 얻을 수 있다.

이때 이 모집단의 모평균 μ가 6이라는 가설이 타당한지의 여부를 검토해보자. 그러기 위해서는 이 μ=6을 바탕으로 통계량 T를 계산한다. T는 자유도 (5-1=)4인 t분포를 따른다는 것을 알고 있다. 계산 결과는 20-3의 예제와 같이 0.5다. 여기에서 이 T=0.5라는 것이 T의 95% 예언적중구간에 들어가는지를 살펴본다(즉, μ=6을 알고서 T의 값 범위를 예언하면 이 예언의 범위에 T=0.5가 들어가느냐, 들어가지 않느냐를 생각하는 것).

도표21-1로 알 수 있지만, 자유도가 4인 t분포의 95% 예언적중구간은 $-2.776 \leq T \leq +2.776$이 되기 때문에 **T=0.5는 이 범위 안에 있다**.

즉 가설로 하는 μ=6은 5개의 표본에 의해서 계산된 T를 충분히 예언할 수 있기 때문에 **기각할 수 있는 터무니없는 가설이 아니라는 말**로 받아들일 수 있다.

이와 같은 작업을 '**t검정**'이라고 한다. 그리고 이 t검정에서 살아남은 μ들을 범위로 표시한 것이 모평균 μ의 '**95% 신뢰구간**'이 된다.

> **도표 21-2** t 검정

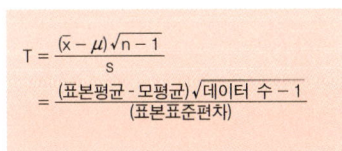

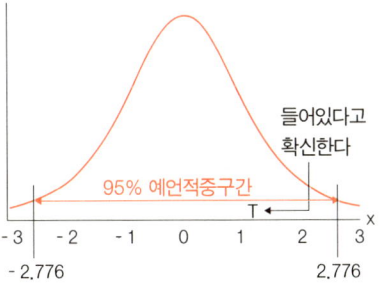

이라고 데이터를 가공하면, 이것은 자유도가 n-1인 t분포를 한다고 알 수 있다.
그리고 이것이 t분포인 95% 예언적중구간에 들어있다고 확신하고 추정한다

2. t분포를 이용한 구간추정 방법

이것으로 t분포를 사용해 모평균을 추정하는 방법의 개념을 대략적으로 설명했다. 물론, 이것은 't분포를 이용한다'는 것 말고는, 앞에서 설명한 정규분포를 이용한 것이나 카이제곱분포를 이용한 것과 방법론 자체에는 아무런 차이도 없다. 그러면 t분포를 이용한 모평균 μ의 구간추정 방법을 이번에도 단계별로 나누어서 정리해보자.

1 단계
얻은 n개의 표본에서 표본평균 $\bar{x}$와 표본표준편차 s를 계산한다.

2 단계
표본평균 $\bar{x}$와 표본표준편차 s, 추정하려고 하는 모평균 μ를 사용하고 자유도 n−1인 t분포를 따르는 통계량 T를 다음과 같이 계산한다.

$$T = (\bar{x} - \mu) \div s \times \sqrt{(n-1)}$$

3 단계
자유도 n−1인 95% 예언적중구간을 도표21−1에서 선택해 $-\alpha \leq T \leq +\alpha$라는 95% 예언적중구간을 만든다.

4 단계
$$-\alpha \leq \frac{(\bar{x}-\mu)\sqrt{n-1}}{s} \leq +\alpha$$
를 μ에 대해서 풀면, 이것이 **95% 신뢰구간이 된다.**

그러면 구체적인 예를 들어보자.

어떤 나비의 몸길이는 다음과 같았다.

76mm, 85mm, 82mm, 83mm, 76mm, 78mm

모평균의 구간을 추정해보자.

표본평균은 $\bar{x} = \dfrac{76+85+82+83+76+78}{6} = 80$

표본분산은 $s^2 = \dfrac{(-4)^2+5^2+2^2+3^2+(-4)^2+(-2)^2}{6} = 12.33$

표본표준편차는 $s = \sqrt{12.33} = 3.51$

자유도 (6−1=)5인 95% 예언적중구간은

$-2.571 \leq T \leq +2.571$이 된다.

부등식에 대입하면,

$-2.571 \leq \dfrac{(80-\mu)\sqrt{5}}{3.51} \leq +2.571$

이 부등식을 풀면,

$-2.571 \leq (80-\mu) \times 0.637 \leq +2.571$ ← $\sqrt{5} \div 3.51$을 계산

$-4.036 \leq (80-\mu) \leq +4.036$ ← $2.571 \div 0.637$을 계산

$\mu - 4.036 \leq 80 \leq \mu + 4.036$

75.964 ≤ μ ≤ 84.036 ← 추정 결과

이와 같이 정규분포라고 알고 있는 모집단에서 소수의 관측 데이터로 그 모집단의 평균값인 모평균 μ를 구간추정하는 방법을 얻을 수 있다.

또한 이것은 표본평균과 표본표준편차라는 제1부의 처음에서 도입한 데이터 특성을 알기 위한 기본적인 통계량만을 사용해 왔기 때문에 안심할 수 있을 것입니다. 이것이 **이 책의 목표점**이자 **통계학 초급의 수료 지점**이다.

제21강의 | 정리

① T=(표본평균−모평균)÷(표본표준편차)×$\sqrt{n-1}$
  은 자유도 n−1인 t분포를 따른다
② t분포를 이용한 정규모집단의 모평균 추정법
  1 단계
  얻은 n개의 표본에서 표본평균 $\bar{x}$와 표본표준편차 s를 계산한다.
  2 단계
  표본평균 $\bar{x}$와 표본표준편차 s, 추정하려고 하는 모평균 μ를 사용하여 자유도 n−1인 t분포를 따르는 통계량 T를 다음과 같이 계산한다.
  T = $(\bar{x} - \mu) \div s \times \sqrt{(n-1)}$
  3 단계
  자유도 n−1인 95% 예언적중구간을 도표21-1에서 선택해 $-\alpha \leq T \leq +\alpha$ 라는 95% 예언적중구간을 만든다.
  4 단계
  $-\alpha \leq \dfrac{(\bar{x}-\mu)\sqrt{n-1}}{s} \leq +\alpha$
  를 μ에 대해서 풀면, 이것이 95% 신뢰구간이 된다.

연습문제

가게 주인이 예상 매출액을 세우려고 한다. 주인은 매출액을 정규모집단에서 관측된 데이터로 가정하고, 이 모평균 μ를 대표적인 매출액으로 추정하려고 한다. 전표 중에서 무작위로 8장을 골라보니 다음과 같은 수가 나왔다.
45, 39, 42, 57, 28, 33, 40, 52(단위는 만 원)
모평균 μ를 다음의 순서로 구간추정을 하시오.

우선, 표본평균은 $\bar{x} = ($ $)$이다. 다음에 표본분산을 계산한다.

$$s^2 = \frac{(\quad)^2 + (\quad)^2 + (\quad)^2 + (\quad)^2 + (\quad)^2 + (\quad)^2 + (\quad)^2 + (\quad)^2}{(\quad)}$$
$$= (\quad)$$

그래서 표본표준편차는 $s = ($ $)$

그러면 T를 계산한다.

$$T = \frac{\{(\quad) - \mu\}\sqrt{(\quad) - 1}}{(\quad)} = [(\quad) - \mu] \times (\quad)$$

T는 자유도 ( )인 t분포를 따르기 때문에
$(\quad) \leq \{(\quad) - \mu\} \times (\quad) \leq (\quad)$
를 만족시키는 μ를 구하는 것이다. 이것을 풀면
$(\quad) \leq (\quad) - \mu \leq (\quad)$
그래서 95% 신뢰구간은
$(\quad) \leq \mu \leq (\quad)$
이(가) 된다.

* 해답은 100쪽

>>> 책을 맺으면서

통계학의 즐거움은 '비약(飛躍)'에 있다

　나는 대학에서 수학을 전공했지만, 그 당시에는 확률과 통계에 대해서 전혀 관심이 없었다. 그리고 어떤 면에서는 '현실'과 관계된 확률과 통계는 수학이 아니라고까지 생각했었다. 수학은 완전히 개념적이고 추상적인 것이어서 현실과 만나는 접점이 없어야 한다는 식으로 생각했다.
　이런 생각을 가졌던 내가 통계학을 처음으로 집중적으로 공부하게 된 것은 30대 중반을 지나 대학원에서 경제학 연구과에 입학하려고 생각할 때부터였다. 과거에 출제되었던 대학원 시험문제를 살펴보면서 대학에서 경제학을 배운 경험이 없는 내가 경제학 시험을 선택하기에는 너무 불리했기 때문에, 똑같이 지식이 없더라도 통계학 시험을 선택하는 편이 낫겠다고 판단한 것이 계기였다.
　그래서 통계학 책을 여러 권 구입해서 여러 번 읽었지만 어떤 책을 읽든지 알 것 같기도 하고 모를 것 같기도 한 상태여서 불안했다. 그러던 중 P.G. 호엘(P.G. Hoel)이라는 저자가 쓴 《입문 수리통계학》이라는 책을 읽게 되었다. 그런데 신기하게도 확실하지는 않지만 통계학의 기본이 눈에 들어왔다. 호엘의 책은 분명히 다른 책들의 한결같은 서술방법과 달랐기 때문에 내가 품고 있던 의문이 일부분 해결될 수 있었다고 생각한다.

    그렇게 공부해서 운 좋게도 대학원 시험에는 합격했지만, 그 당시에는 통계학이라는 학문에 능통했다고는 전혀 말할 수 없는 상황이었다. 눈앞에 안개가 끼어 있는 듯이 잘 보이지 않는 상태였다. 무엇을 이해 못하고 있는지도 확실히 집어낼 수가 없는 상태였다. 그래서 대학원을 다닐 때 통계학 강의를 처음부터 들었다. 이렇게 해서 나는 두 번째로 통계학을 집중적으로 공부하게 되었다.

    역시 통계학을 전공한 통계학자들의 대학원 강의는 상당한 공부가 되었고, 그 과정을 통해서 '안개 뒤에 있는 것'의 정체를 알게 되었다. 이것을 한 마디로 말하자면, 통계학 이론에는 어떤 종류의 '비약(飛躍)'이 있다는 것이다. 본문에서도 서술했지만, 추리통계의 방법론은 '부분에서 전체를 추론한다'는 '귀납법'이다. 이것은 수학이라는 완전무결한 '연역법'에 익숙한 나에게 '모든 것이 비약인 논리 체계'로 보였고, 이것을 받아들이기 위해서는 익숙했던 사고법과 일단 헤어져야 했다. 이 단계를 거쳐서 드디어 통계학 책에서 다루는 내용까지 이해할 수 있게 되었다고 생각한다.

    통계학을 세 번째로 집중적으로 공부한 것은 데이쿄(帝京)대학의 교

수로 학생들에게 통계학을 가르치게 되었을 때였다. 물론, 통계학 책 수준으로 확실히 가르치는 것은 가능했지만, 가르치는 사람이 그 정도의 수준밖에 모르면 배우는 사람은 그 수준을 이해할 수 없다. 나는 학생들이 잘 이해하지 못하는 것은 학생들이 공부를 게을리 했다고 보기보다는 가르치는 사람이 제대로 이해하지 못하고 가르쳤기 때문이라고 생각했다.

그래서 이번에는 '내 머리로, 내 방식대로' 통계학을 근본부터 다시 생각하기로 했다. 통계학에서의 '비약'이라는 정체를 더 자연스럽고, 더 명쾌하고, 더 직감적으로 해석하고 싶었다. 다행히도 이때 나는 경제학자로서 '확률론적 의지결정 이론'이라는 수리경제학의 한 분야를 연구하고 있었다. '확률이란 무엇인가'를 진지하게 생각하던 중, 통계학에서의 '비약'에 대한 독자적인 해석을 하게 되었다.

그것은 바로 이 책에서 '예언적중구간'이라고 부르던 것이다. 이것은 '확률에서 시제라는 것은 본질적으로 무엇인가'라는 것을 생각하는 과정에서 그 부산물로 얻은 해석이었다. 이 생각은 내가 과거에 읽었던 어떤 책에도 쓰여 있지 않았기 때문에 '이단'적인 생각일지도 모른다. 그러나 이 해석에 이르러서야 내가 가지고 있던 추리통계에 대한 불투명한 기분이 상당히 없어졌기 때문에, 이 책에서도 이 해석을 전면적으로 사용한 것이다. 물론, 단순히 '해석'의 문제이기 때문에 이것이 석연치 않더라도 통계적인 계산이나 작업에는 어떠한 지장도 주지 않으니 걱정할 필요 없다.

이렇게 쓰면, 내가 통계학의 방법론에 대해서 비판적이라고 생각할지도 모르겠지만, 사실은 완전히 그 반대다. 통계학은 이러한 '비약'을 통해서만 '현실'과 밀접한 관계를 가질 수 있고, 이것이야 말로 통계학의 진면목이라고 생각한다. 이것은 분명히 내가 수학의 세계에서 나와 현실을 해명하는 경제학이라는 땅에 발을 딛고 있다는 사실을 나타내는 것이라고 생각한다.

독자 여러분도 이 책으로 통계학에 관심을 갖고 이 '비약'에 흥미를 가져 여러분의 인생에 활용할 수 있었으면 좋겠다.

서사

고지마 히로유키(小島寬之)

연습문제 해답

제1강의

①

계급	계급값	도수	상대도수	누적도수
36~40	38	3	0.0375	3
41~45	43	11	0.1375	14
46~50	48	33	0.4125	47
51~55	53	19	0.2375	66
56~60	58	7	0.0875	73
61~65	63	5	0.0625	78
66~70	68	2	0.025	80

②

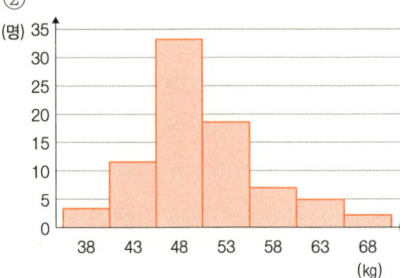

제2강의

계급값	도수	상대도수	계급값×상대도수
30	5	0.05	1.5
50	10	0.1	5
70	15	0.15	10.5
90	40	0.4	36
110	20	0.2	22
130	10	0.1	13
			합계(평균값) 88

제3강의

1단계 : 5
2단계 : +1, −1, +1, +1, +1, −2, +2, −3, −3, +3
3단계 : +1, +1, +1, +1, +1, +4, +4, +9, +9, +9 평균값 4
4단계 : $\sqrt{4} = 2$

제4강의

① 1, 말할 수 없다   ② 2.5, 말할 수 있다

제5강의

① 6, 6, −4, 8   ② 6, 14, 6, −10   ③ −5, 19, 1, 7, B, 7, A, 19

제6강의

① 0.44   ② 5.5

제7강의

① 600, 100, 600, 100, 400, 800   ② 50, 5, 50, 5, 40, 60

제8강의

$\dfrac{x - (160)}{(10)}$, 140.4, 179.6

제9강의

100, 50, $\sqrt{100}$, 5, $\dfrac{x - (50)}{(5)}$, −9.8, 50, +9.8, 40.2, 59.8, 들어가기, 기각되지 않는다

제10강의

$\dfrac{(130) - \mu}{(6)}$, −11.76, 130, +11.76, 118.24, 141.76

제11강의

①

숫자	상대도수	숫자×상대도수
3	0.3	0.9
5	0.3	1.5
6	0.2	1.2
9	0.2	1.8
합계		5.4

② 모평균 μ=5.4

③
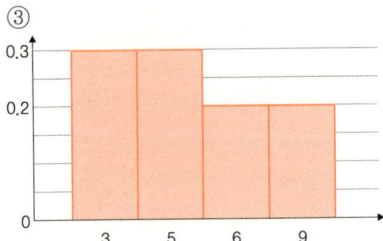

제12강의

①

숫자	상대도수	숫자×상대도수
11	0.3	3.3
9	0.3	2.7
4	0.2	0.8
1	0.2	0.2
합계		7

모평균 μ=7

②

숫자	편차	편차의 제곱	상대도수	편차의 제곱×상대도수
11	4	16	0.3	4.8
9	2	4	0.3	1.2
4	−3	9	0.2	1.8
1	−6	36	0.2	7.2

15, 15, 3.87

제13강의

①

	1	2	3	4
1	1	1.5	2	2.5
2	1.5	2	2.5	3
3	2	2.5	3	3.5
4	2.5	3	3.5	4

② 1, 2, 3, 4, 3, 2, 1

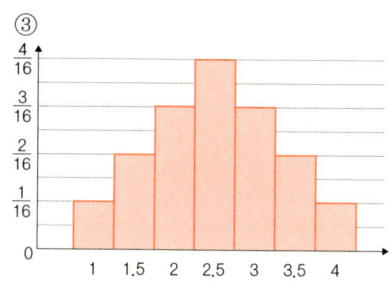

제14강의

① 160, 10, 160, 10, 140.4, 179.6

② 160, $\dfrac{10}{\sqrt{4}}$, 160, $\dfrac{10}{\sqrt{4}}$, 150.2, 169.8

③ 160, $\dfrac{10}{\sqrt{25}}$, 160, $\dfrac{10}{\sqrt{25}}$, 156.08, 163.92

제15강의

① $\dfrac{(130)-\mu}{(10)}$, 110.4, 149.6 ② 136, $\sqrt{4}$, 5, $\dfrac{(136)-\mu}{(5)}$, 126.2, 145.8

제16강의

0.5724, 0.0718, 0.5724, 0.0718, 0.5006

제17강의

76, 80, 77, 80, 83, 80, 84, 80, 16, 9, 9, 16, 50, 4, 0.4844, 50, 11.1433, 50, 11.1433, 50, 0.4844, 4.487, 103.220

제18강의

10, −7, −1, +1, +7, 4, 25, 5, 4, 25, 100, 3

제19강의

80, 76, 80, 77, 80, 83, 80, 84, 80, 4, −4, −3, +3, +4, 4, 12.5, 50, 3, 0.2157, 50, 9.3484, 50, 9.3484, 50, 0.2157, 5.34, 231.80

제20강의

10, 3, 10, 9, 10, 11, 10, 17, 10, 4, 25, 5, −2, 3, 5, −0.6928

제21강의

42, 3, −3, 0, 15, −14, −9, −2, 10, 8, 78, 8.83, 42, 8, 8.83, 42, 0.3, 7, −2.365, 42, 0.3, 2.365, −7.88, 42, 7.88, 34.12, 49.88

찾아보기

ㄱ
가설검정 120
검정 113, 221
계급 27
계급값 27, 37
구간추정 123, 131, 170, 221
균일분포 159
기각한다 119
기술(記述)통계 15
기하평균 43, 44

ㄴ
누적도수 28

ㄷ
대수의 법칙 155
대표본 추정 169
도수분포표 15

ㄹ
랜덤 샘플링(무작위 추출) 139
리스크 78

ㅁ
모분산 147

모수(Parameter) 115
모집단 112, 134, 139
모평균 140, 167
모평균의 구간추정 175
모표준편차 147
무한모집단 135

ㅂ
분산 36, 51, 55, 144, 177
분포한다 25

ㅅ
산술평균 43, 44, 45
상대도수 27, 37
상승평균 43
샤프지수 81, 85

ㅇ
월평균수익률 71
유한모집단 135
인컴 게인(Income Gain) 70
일반정규분포 94, 97

ㅈ
자유도 181

자유도 (n−1)　　　　　204, 217
자유도 n−1인 t분포　　　　213
정규모집단　　　　　　　　159
정규분포　　　　86, 94, 97, 159
제곱평균　　　　　　　　43, 45
조화평균　　　　　　　　　　44
주가변동성(Volatility)　　　　75
중심극한정리　　　　　　99, 169

ㅊ
체비세프(Chebyshev) 부등식 150
추리통계　　　　　　　　　　15
축약　　　　　　　　　　　　26

ㅋ
카이제곱분포　　　　　　　180
캐피탈 게인(Capital Gain)　　71

ㅋ
통계　　　　　　　　　　18, 26
통계량　　　　　　26, 33, 35, 36
통계량 T　　　212, 215, 216, 218
통계적 추정　　　　　　100, 111

ㅍ
편차　　　　　　　　49, 62, 144
평균값　　　　15, 36, 47, 140, 144
평균수익률　　　　　　　　　71
표본분산　　　　　　　177, 178
표본평균　　　　　151, 152, 165
표준정규분포 87, 92, 94, 97, 106
표준편차　　　15, 16, 36, 52, 55,
　　　　　　　　59, 68, 144, 177

ㅎ
확률　　　　　　　　　　　　18
히스토그램　　　　　　15, 26, 32

기타
95% 신뢰구간 123, 126, 131, 158
95% 예언적중구간　19, 103, 126
t검정　　　　　　　　　　　223
t분포　　　　　　　210, 218, 221

세상에서 가장 쉬운 베이즈통계학 입문

고지마 히로유키 / 장은정

베이즈통계는 인터넷의 보급과 맞물려 비즈니스에 활용되고 있다. 인터넷에서는 고객의 구매 행동이나 검색 행동 이력이 자동으로 수집되는데, 그로부터 고객의 '타입'을 추정하려면 전통적인 통계학보다 베이즈통계를 활용하는 편이 압도적으로 뛰어나기 때문이다.

값 15,500원 신국판(153*224) 300쪽
ISBN978-89-6502-271-8 2017/4 발행

만화로 아주 쉽게 배우는 통계학

고지마 히로유키 / 오시연

비즈니스에서 통계학은 필수 항목으로 자리 잡았다. 그 배경에는 시장 동향을 과학적으로 판단하기 위해 비즈니스에 마케팅 기법을 도입한 미국 기업들이 많다. 마케팅은 소비자의 선호를 파악하는 것이 가장 중요하다. 마케터는 통계학을 이용하여 시장조사 한다.

값 15,000원 국판(148*210) 256쪽
ISBN978-89-6502-281-7 2018/2 발행

통계학 超초 입문

다카하시 요이치 / 오시연

젊은 세대가 앞으로 '무엇을 배워야 하느냐'고 묻는다면 저자는 다음 3가지를 꼽았다. 바로 어학과 회계학, 수학이다. 특히 요즘은 수학 중에서도 '통계학'이 주목받는 추세다. 인터넷 활용이 당연시된 이 시대에 방대한 자료를 수집하기란 식은 죽 먹기이지만…

값 13,700원 국판(148*210) 184쪽
ISBN978-89-6502-289-3 2020/1 발행

세상에서 가장 쉬운
통계학입문

초판 1쇄 발행 | 2009년 12월 17일
초판 14쇄 발행 | 2024년 7월 25일

지 은 이 | 고지마 히로유키
옮 긴 이 | 박주영
발 행 인 | 최봉규
발 행 처 | 지상사
출판등록 | 2002년 8월 23일 제2017-000075호

주소 | 서울특별시 용산구 효창원로64길 6(효창동) 일진빌딩 2층
전화 | 02)3453-6111
팩스 | 02)3452-1440
홈페이지 | www.jisangsa.com
이 메 일 | c0583@naver.com

한국어판 출판권 ⓒ지상사, 2009
ISBN 978-89-90994-00-4 13410

*잘못 만들어진 책은 구입처에서 교환해 드리며,
 책값은 뒤표지에 있습니다.